■ 구역 출석부 ■

(1월~6월)

번호	이 름 \ 주 월일	1	2	3	4	5	6	7	8	9	10	11	12
1													
2													
3													
4													
5													
6													
7													
8													
9													
10													
11													
12													
13													
14													
15													
16													
17													
18													
19													
20													
21													
22													
23													
24													
25													
통계란	출 석												
	결 석												
	헌 금												

(개인계)

13	14	15	16	17	18	19	20	21	22	23	24	25	26		출석	결석	현금	

★27주부터는 책뒷부분에 있음

■ 구역원 명부 ■

(　　　　구)

번호	이름	생년월일	직업	가족수	연락처
1					
2					
3					
4					
5					
6					
7					
8					
9					
10					
11					
12					
13					
14					
15					
16					
17					
18					
19					
20					
21					
22					
23					
24					
25					

구역예배·속회용
구역예배서

구역예배 · 속회용

구역예배서

2022년 10월 20일 초판 인쇄
2022년 11월 10일 초판 발행

지은이 | 박종순, 김병삼, 옥성석, 김창근, 최종인, 이진우
펴낸이 | 황성연
펴낸곳 | 한국문서선교회
주　소 | 경기도 파주시 광탄면 혜음로 883번길 39-32
주문처 | 하늘물류센타
전　화 | 031-947-8838
팩　스 | 0505-365-0012

ISBN 978-89-8356-290-6 (13230)

Copyright@2022, 한국문서선교회
저작권법에 의하여 한국 내에서 보호받는 저작물이므로 무단전제와
무단복제를 금합니다. 이 책의 내용의 일부 전부를 사용하려면
반드시 저작권자와 도서출판 한국문서선교회의 서면 동의를 받아야 합니다.

※ 정가는 뒤표지에 있습니다.
※ 잘못되거나 파손된 책은 구입하신 서점에서 교환하여 드립니다.

구역예배·속회용

구역예배서

박종순 · 김병삼 · 옥성석 · 김창근 · 최종인 · 이진우

한국문서선교회

일러두기

1. 성경은 개역개정판을, 찬송은 21세기 새찬송가를 사용했으며, ( ) 안에 통일찬송가를 표기해 두었다.
2. 외울 말씀은 한번 복창해 보고 외워 볼 수 있는 시간을 주는 배려도 좋을 것이다.
3. 기도의 경우는 본문 주제에 맞춘 간단한 기도문으로, 구역원의 가정과 교회, 예배드리는 가정을 위해 기도한다.
4. 학습문제의 답은 그날 공부한 것을 복습하는 것이므로 주제에 어긋나지 않는 한 여러 답안이 제시될 수 있다.
5. 중보기도는 한 주간 동안의 기도 제목으로 정하여도 좋을 것이며, 개인의 특별한 기도 제목을 첨가해도 좋을 것이다.
6. 만남의 준비는 다음 구역예배를 은혜스럽게 하기 위한 준비 과제이므로 반드시 성경 말씀을 미리 알려주어 읽고 묵상하도록 한다.

머리말

해마다 구역예배서를 펴내는 이유가 있습니다. 그것은 구역은 작은 교회이고, 작은 교회가 건강해야 큰 교회가 건강성을 지킬 수 있기 때문입니다.

현대가정과 교회는 다양한 위기 앞에 노출돼 있습니다. 우리 사회도 제동장치 풀린 자동차처럼 위태롭습니다. 이럴 때일수록 건강회복이 시급합니다. 코로나19가 휩쓸고 간 잔해가 널브러져 있고 아직도 여진으로 힘들어하고 있습니다. 건강회복의 명약은 하나님의 말씀 외엔 없습니다. 구역예배서는 말씀으로 구역을 다지고 가정을 세우는 길잡이입니다.

매해 구역예배서를 애용하는 교회들에게 감사드립니다.

그리고 한국교회를 사랑하는 이진우 목사님, 김병삼 목사님, 김창근 목사님, 옥성석 목사님, 최종인 목사님이 옥고를 주셨습니다. 감사합니다.

매해 구역예배서를 줄기차게 펴내는 한국가정문서선교회 가족들에게도 감사드립니다.

2023년 한 해 한국교회가 건강을 회복하고 성장하게 되길 진심으로 기도드립니다. 감사합니다.

집필자를 대표하여 **박 종 순 목사**

구역예배 인도지침

이 「구역예배서」를 사용하면서 예배를 인도하는 데 있어 다음 사항을 잘 참고하면 크게 도움이 될 것이다.

1. 구역예배의 준비
"교회 부흥은 구역의 부흥에서부터"란 말이 있다. 그러므로 구역의 책임을 맡은 구역장이나 권찰은 구역의 목회자라는 소명감으로 구역을 잘 관리하고 돌보아야 한다.
 구역 운영에서 중요한 것이 구역예배인데, 예배를 인도하는 자는 다음의 몇 가지를 특히 유의해서 준비함으로써 예배가 은혜스럽도록 해야 한다.
(1) 장소 : 구역예배는 구역원의 가정을 돌아가면서 드리는 것이 상례이나 부득이 사양하는 가정이 있으면 강요하지는 말아야 한다. 장소의 결정은 적어도 1주일 전에 동의를 얻어 정하고, 예배 2~3일 전에 반드시 확인해야 한다.
(2) 시간 : 주님이 고난당하신 날인 성금요일에 대개 모이고 있다. 특히 금요일은 삼일 기도회와 주일의 중간이므로 적당하나, 모이는 가정의 사정에 따라 다른 날에 모여도 무방하다. 시간은 편리한 시간을 정해서 하되 식사 시간은 피하는 것이 좋으며, 특히 농촌이나 직장인을 중심으로 하는 구역에선 일과가 끝난 저녁 시간에 모이는 것도 좋다.
(3) 말씀 준비 : 구역예배에 있어서도 다른 예배와 마찬가지로 말씀 증거가 중심이 된다. 그러므로 인도자는 기도로 준비하고, 본문 말씀을 잘 파악해서 증거해야 한다.

그리고 공과(설교집)를 완전히 마스터해서 자기 설교로 소화한 다음에 전해야 은혜가 된다. 이때 특별히 유의할 점은 구역원의 사정을 잘 살펴서 한 사람이라도 상처를 입거나 시험에 들 이야기는 삼가야 한다.

2. 예배의 진행 및 순서

(1) 여는 기도 : 개회 시에 조용히 머리 숙여 마음을 가다듬을 때 사회자가 성경을 1-2절 봉독하는 것이 은혜스럽다. 대개 시편에서 찾아 읽는 것이 좋으나 그 가정의 특별한 상황이나 혹은 설교 내용과 부합되는 구절을 찾아 읽는 것도 좋다.
사도신경으로 신앙을 고백함으로써 예배를 시작하는 것도 좋다.
(2) 찬송 : 주제에 맞추어 2곡씩 실었다. 그러나 그 가정에서 원하는 찬송을 부르는 것도 좋다. 예배의 분위기에 따라 많이 부를 수도 있다.　　※ 21세기 새찬송가 / (　) 안은 통일찬송가이다.
(3) 기도 : 구역원 중에서 간단명료하게 하는 것이 좋다.
(4) 성경 봉독 : 성경 본문을 서로 윤독하는 것이 좋으나, 본문이 짧은 경우는 사회자와 교우가 교독하는 것도 좋다.
(5) 설교 : 본 설교집을 바탕삼아 충분히 준비해서 하되, 시간은 10분 정도가 적당하다고 본다.
(6) 학습문제 : 설교의 매 편마다 학습문제를 제시했다. 인도자는 질문을 해서 구역원들이 답을 하도록 유도하는 것이 좋다.
(7) 기도 : 설교자가 한다. 증거한 말씀이 삶에 적용되기를 위하여, 구역원들의 신앙과 가정을 위하여, 그 모인 가정을 위하여 할 것이다. 교회와 나라를 위하여 기도하는 것도 좋다. 특히 구역 내에 환자나 어려움을 당한 가정이 있을 경우 그를 위해 기도하는

것을 잊지 말아야 한다.
(8) 헌금 : 교회 방침에 따라 한다.
(9) 보고 : 출석 확인, 회계 보고 등을 한다. 애경사나 구역원의 협조가 필요한 일이 있으면 광고한다.
(10) 찬송 : 폐회 찬송은 설교에 맞추어 힘차고 기쁜 찬송을 택할 것이다.
(11) 폐회 : 주기도문으로 폐회한다. 목사님을 모셨을 경우는 축도로 폐회하는 것도 좋다.

3. 친교

구역예배는 구역원 간의 교제를 통해서 결속을 돈독히 하는 데 목적이 있다. 그러므로 예배를 마치고 간단한 다과를 나누며 성도의 교제 시간을 갖는 것이 유익하다(대부분의 구역이 이를 시행하고 있다).

여기에서 주의할 것은 그 가정에 너무 큰 부담을 주어서는 안 된다는 것이다. 가정 형편이 어려운 집은 모이기를 기피하고 이로 인해 시험 당할 수도 있기 때문에 간단히 하도록 지도해야 할 것이다. 구역 형편에 따라 이를 폐지해도 무방하다.

또 하나는 대화의 내용이다. 모든 대화는 믿음 안에서 할 것이며, 신앙생활에 부덕한 화제는 피해야 한다. 남의 흉을 보거나 상처를 주는 말은 하지 말아야 한다.

목차

PART 01
박종순 목사 편

1월. 복음의 사명으로 시작하는 달
1. 비로소 그리스도인 (행 11:19-26) · **14**
2. 오직 예수 (마 17:1-8) · **18**
3. 나그네 교훈 (벧전 1:1-7) · **22**
4. 나도 일한다 (요 5:14-18) · **26**

2월. 전신갑주로 무장하는 달
5. 모세의 위기 해법 (출 14:21-31) · **30**
6. 그리스도와 합한 사람들 (갈 3:23-29) · **34**
7. 자아 다스리기 (고전 9:24-27) · **38**
8. 행복지수 높이기 (대상 4:9-10) · **42**

PART 02
김병삼 목사 편

3월. 고난 속의 은혜를 찾아가는 달
9. 나는 아니지요? (마 26:20-30) · **48**
10. 유다의 배신 그리고 나 (마 26:14-16) · **52**
11. 열정과 배신은 동전의 양면 (마 26:69-75) · **56**
12. 빌라도의 고민, 비겁함, 그리고 허영심 (마 27:11-26) · **60**
13. 당신도 구레네 시몬일 수 있다 (마 27:32) · **64**

4월. 부활의 감격을 누리는 달
14. 십자가 아래서 부활의 증인이 되다 (마 27:54, 28:1-10) · **68**
15. 십자가로 족하다 (요 3:14-16) · **72**
16. 산다는 것 (갈 2:20) · **76**
17. 믿음이 좋다는 것 (고전 15:1-11) · **80**

PART 03 　　　　　　　　　　　　　　　　　　　옥성석 목사 편

5월. 예수로 하나되는 가정의 달
18. 나, 아버지의 아들이었노라 (잠 4:1-9) · **86**
19. 까까머리 삼손 (삿 13:24-25) · **90**
20. 가장(家長) 엘리멜렉 (룻 1:1-5) · **94**
21. 축복의 통로를 아는가? (룻 4:13-17) · **98**

6월. 성령의 열매를 점검하는 달
22. 왕위(王位)보다 더 중요한 것 (삼상 18:1-4) · **102**
23. 캄캄한 굴속에 펼쳐진 보화 (삼상 24:1-4) · **106**
24. 나의 生은 얼마나 남았을까 (삼상 25:1, 36-38) · **110**
25. 때가 되니 王이 되더라 (삼하 2:1-7) · **114**
26. 긍휼의 힘 (삼하 8:13-14) · **118**

PART 04 　　　　　　　　　　　　　　　　　　　김창근 목사 편

7월. 기도와 찬송으로 세워가는 달
27. 내게 와서 기도하라 (렘 29:10-14) · **124**
28. 절실한 믿음의 기도 (왕상 8:22-26) · **128**
29. 찬송하는 사람들 (눅 1:39-48) · **132**
30. 여호와를 송축하라 (느 9:1-6) · **136**

8월. 사랑을 실천하는 전도의 달
31. 하나님 사랑 이웃 사랑 (막 12:28-34) · **140**
32. 사랑으로 전해지는 복음 (엡 2:1-9) · **144**
33. 아름다운 소식을 전하라 (사 61:1-3) · **148**
34. 하나님 나라를 전파하라 (행 28:23-31) · **152**

PART 05
최종인 목사 편

9월. 성숙한 신앙을 위한 교육의 달
35. 은혜와 구원을 아는 사람 (고후 6:1-2) · **158**
36. 성숙한 신앙의 사람 (시 26:1-5) · **162**
37. 말씀을 행하는 사람 (약 1:22-25) · **166**
38. 성령의 사람 (고전 2:12-16) · **170**
39. 달리는 사람 (빌 3:12-14) · **174**

10월. 성도의 교제로 부흥하는 달
40. 성경적인 교제 방법 (행 2:42-47) · **178**
41. 바나바 사역 (행 9:26-30) · **182**
42. 다니엘과 친구들 (단 1:3-9) · **186**
43. 다윗과 요나단의 우정 (삼상 23:15-18) · **190**

PART 06
이진우 목사 편

11월. 삶이 변화되는 감사의 달
44. 그럼에도 감사함은 (시 75:1-10) · **196**
45. 구원을 베풀어 주심에 감사 (시 118:1-6) · **200**
46. 한 해의 추수를 감사 (시 65:1-4) · **204**
47. 감사하는 마음으로 (시 100:1-5) · **208**

12월. 하늘과 땅을 잇는 성육신의 달
48. 예언된 아기 예수 (사 9:5-7) · **212**
49. 나신 이의 이름 (마 1:21-23) · **216**
50. 성탄을 놓친 사람, 붙든 사람 (눅 2:1-13) · **220**
51. 기다리는 사람들 (눅 2:22-33, 36-39) · **224**
52. 성탄을 가로막은 왕 헤롯 (마 2:7-12) · **228**

PART 01
박종순 목사 편

1월 _ 복음의 사명으로 시작하는 달

1. 비로소 그리스도인 (행 11:19-26)
2. 오직 예수 (마 17:1-8)
3. 나그네 교훈 (벧전 1:1-7)
4. 나도 일한다 (요 5:14-18)

2월 _ 전신갑주로 무장하는 달

5. 모세의 위기 해법 (출 14:21-31)
6. 그리스도와 합한 사람들 (갈 3:23-29)
7. 자아 다스리기 (고전 9:24-27)
8. 행복지수 높이기 (대상 4:9-10)

1. 비로소 그리스도인

> 성경 : 사도행전 11:19-26 (외울 말씀 21절)
> 찬송 : 210장(245), 324장(360)
> 주제 : 그리스도인은 품위를 지키고 자리를 지키고 이름을 지키며 행동하는 사람이다.

신약 성경 안에 '그리스도인'이라는 용어는 세 차례 사용되고 있습니다(행 11:26, 26:28, 벧전 4:16). 베드로는 그리스도인이라는 용어가 이름이라고 했습니다. 그리고 그 이름을 부끄러워하지 말고 그 이름으로 하나님께 영광을 돌리라고 했습니다. 그리스도인! 그 이름의 뜻은 무엇입니까? 누가 그리스도인입니까? 나는 그리스도인입니까? 아닙니까?

1. 예수를 믿는 사람이 그리스도인입니다.

'믿음'이라는 낱말의 뜻이 여러 가지입니다만 그 가운데 제일 적절한 뜻은 '신뢰한다, 맡기다'입니다. 믿음은 맡기는 것입니다. '믿는다'를 헬라어로 '피스튜오'라고 합니다. 그 뜻은 '맡긴다'입니다. 누구에게 맡겨야 합니까? 성경은 "하나님께 맡기라", "다 맡기라, 하나님이 이루시고 돌보신다"고 말씀하십니다(잠언 16:3, 시 37:5, 벧전 5:7).

사람은 믿고 맡길 대상이 아닙니다. 다 송두리째 맡기기엔 신뢰할 수 없습니다. 권력, 제도, 기구도 맡길 수 없습니다. 하나님은 부도, 부실, 부패, 부정, 불의가 없습니다. 믿고 맡겨도 됩니다. 생명, 삶, 건강, 오늘과 내일 다 맡깁시다. 그것이 믿음입니다. 믿고 맡기는 사람이 그리스도인입니다.

2. 예수를 그리스도로 고백하는 사람입니다.

베드로는 열두 제자 가운데 가장 신임받은 제자였습니다. 그런 그가 궁지에 몰리자 세 번씩이나 예수님을 부인했습니다(마 26:69-75). 죽을까 봐, 잡혀갈까 봐, 매 맞을까 봐, 망할까 봐 예수를 저주하고 부인했습니다. 그리고 제정신이 든 베드로는 밖에 나가 심히 통곡했습니다(마 26:75). 두려웠기 때문입니다. 나도 너를 모른다고 부인하리라는 말씀이 떠올랐기 때문입니다. 그래서 그는 통곡했습니다. "다신 안 그러겠습니다. 제가 나쁜 놈입니다."라고 고백했을 것입니다.

나는 어떻습니까? 왜? 언제? 예수님을 부인했습니까? 직장에서, 모임에서, 여행 중에, 회식 자리에서 예수님을 입으로, 몸짓으로, 행동으로 부인했습니까? 안 했습니까? 그리고 왜 베드로처럼 통곡 소리가 단 한 번도 들리지 않았습니까?

3. 예수 그리스도의 삶을 닮고 따라가는 사람입니다.

그리스도인이라면 단 한 가지라도, 작은 것 하나라도 따르고 실천해야 합니다. 야고보 사도는 행함이 없는 믿음은 헛것이라고 했습니다(약 2:16-17).

마태복음 25:40에서 주님은 "지극히 작은 자 하나에게 한 것이 곧 내게 한 것이니라"고 했습니다. 또한 "지극히 작은 자 하나에게 하지 아니한 것이 곧 내게 하지 아니한 것이니라"(마 25:45)고 했습니다. 실천하는 사람, 따르는 사람, 그대로 하는 사람이 그리스도인입니다. 하라면 하고, 하지 말라면 하지 않는 사람! 그들이 그리스도인입니다.

4. 예수 그리스도를 전하는 사람입니다.

주의 손이 나와 함께 하십니다(행 11:21). 주의 손이 가정과 함께, 교회와 함께, 대한민국과 함께하십니다. 그러기에 우리는 그리스도인으로서 품위를 지키고, 자리를 지키고, 이름을 지키고, 행동을 지키고, 입을 지키고, 손발을 지켜야 합니다. 그래서 내 주변 사람들이, 내 직장 동료들이, 동네 이웃들이 "저 사람은 그리스도인이다"라고 인정하고 말하게 만듭시다. 욕먹지 맙시다. 손가락질 받지 맙시다. 구설수에 오르지 맙시다. "나는 그리스도인입니다." 아멘.

▶ 학습 문제

(1) 그리스도인의 품위는 어떻게 지켜질 수 있습니까? (잠언 16:3, 시 37:5)
   답 : 하나님께 모든 것을 믿고 맡길 때 지킬 수 있습니다.
(2) 행함을 실천하는 그리스도인이 되기 위해서 해야 할 일은 무엇입니까? (약 2:16-17)
   답 : 형제의 필요를 채워주는 실천이 믿음입니다.

✤ 기도

하나님 아버지, 그리스도인으로 불러주심을 감사합니다. 그리스도인다운 품위를 지키고, 사랑과 인내로 믿음을 실천하게 하소서. 예수님의 이름으로 기도합니다. 아멘.

🌿 중보기도
(1) 모든 성도가 그리스도인의 소명 의식을 가지고 가정과 일터와 세상을 섬기게 하소서.
(2) 사랑과 인내로 사명을 감당하는 선교사들에게 힘과 지혜를 더 하소서.

▶ 만남의 준비
마태복음 17장 1~8절을 읽고 우리의 삶에 가장 필요한 것이 무엇인가를 생각해 봅시다.

2. 오직 예수

> 성경 : 마태복음 17:1-8 (외울 말씀 8절)
> 찬송 : 93장(93), 321장(351)
> 주제 : 예수만 길이고 생명이고 구원이고 삶이고 성공이고 행복이고 완성이다.

어느 날 예수님은 베드로, 요한, 야고보 세 제자와 함께 높은 산에 올라가셨습니다. 그리고 거기서 평소와 다른 모습으로 변형되셨다는 것이 본문의 줄거리입니다.

제자들로서는 신비한 장면이었습니다. 말로만 듣던 모세와 엘리야를 보는 것도 신기했고, 변형된 예수님의 모습을 보는 것도 신비롭고 신기했습니다. 성질 급한 베드로가 나섰습니다. "주님! 제가 초막 셋을 짓겠습니다. 하나는 모세, 하나는 엘리야, 하나는 주님을 모시겠습니다." 그러나 5절을 주목해야 합니다. "말할 때에 홀연히 빛난 구름이 그들을 덮으며 구름 속에서 소리가 나서 이르시되 이는 내 사랑하는 아들이요 내 기뻐하는 자니 너희는 그의 말을 들으라."

모세가 누굽니까? 이스라엘을 애굽에서 해방시킨 민족 영웅, 민족 지도자, 시내산에서 율법을 받은 영적 지도자였습니다. 엘리야가 누굽니까? 우상을 숭배하고, 도처에 신당을 짓고, 바알 신앙을 숭배한 폭군 아합왕과 맞서 하나님의 말씀을 선포한 신앙의 거장이었고 예언자였습니다. 그러나 하나님은 그들을 구름으로 덮어 감추시고 예수님만 보이게 했습니다(마 17:8, 막 9:8, 눅 9:36).

우리에게 주시는 교훈이 무엇입니까? 기독교 2천 년 역사 이래 목숨 바쳐 강조하고 지켜 나온 중심 신앙과 핵심 사상은 오직 예수입니다. 왜 오직 예수입니까?

1. 나를 구원하셨기 때문입니다.

구약시대 유대인들이 지은 죄를 사함받는 방법이 있었습니다. 산 짐승을 잡아 제물로 드리는 피의 제사 즉, 속죄의 제사를 드려야 했습니다. 산 짐승을 죽이고 그 피로 제사를 드리는 것은 예수 그리스도가 십자가에 죽으심으로 죄사함 받는 속죄의 그림자였습니다. 사람이 나를 위해 기도해주고 위로해주고 도움을 주고 인도해주고 돈을 주고 직장을 주고… 여기까지는 가능합니다. 그러나 나 대신 죽고 내 죄를 사해주고 나를 구원해주고 천년만년 내 곁을 떠나지 않고 함께해줄 분은 오직 한 분, 오직 예수뿐입니다.

성경을 보면 수많은 사람이 하나님은 어떤 분이신가를 설명하고 있습니다. 그러나 가장 정확한 설명을 찾으려면 하나님 자신이 밝힌 하나님의 모습이라야 합니다. 출애굽기 3장 14절을 보면 "나는 스스로 있는 자이니라"고 했습니다. 한문으로는 자존자(自存者)라는 뜻이고, 영어 성경은 "I AM WHO I AM"이라고 번역했습니다. 시작과 끝이 없는 분, 언제나 존재하는 분, 모든 인과법칙을 초월한 신이라는 뜻입니다. 그리고 이사야 43장 3절을 보면 "나는 네 하나님이요 네 구원자이다"라고 했고, 11절에서는 "나 외에 구원자가 없다"라고 했고, 44장 24절에서는 "나는 네 구속자다"라고 했습니다. 이상의 몇 구절이 주는 교훈이 무엇입니까? 내가 나를 구원하는 것이 아니라는 것, 하나님이 나를 구원하셨다는 것입니다.

2. 영원히 함께하시기 때문입니다.

본문 17장 5절 끝을 주목합시다. "너희는 그의 말을 들으라." 모세가 한 말, 엘리야가 한 말, 예언자가 한 말, 제사장이 한 말, 역대 왕들이 한 말…. 다 의미 있고 가치가 있습니다. 그러나 "너희는 그의 말을 들으라! 예수님 말씀 들으라!" 그렇습니다. 그 누구의 말보다 우리가 할 일은 예수님 말씀을 듣는 것입니다. 다시 말하면 예수님을 따르고 순종하고 예수님 앞에서 고분고분하고 대들지 않고 잘난 척하지 않고 순한 양처럼 따라가야 합니다. 오직 예수 때문에 감격하고 기뻐하십시오. 남은 인생길을 뜻 없이 아무렇게나 살지 마십시오.

오직 예수! 그 위대한 이름을 부르며 사십시오. 오직 예수!!

▶ 학습 문제
(1) 예수님은 우리에게 어떤 분입니까?(요 14:6)
　　답 : 예수님은 길이요, 진리요, 생명이시며, 나를 구원하신 구주이십니다.
(2) 우리가 따라야 할 분은 누구입니까?(마 17:5)
　　답 : 오직 예수님을 따르고 순종해야 합니다.

❋ 기도
하나님 아버지, 예수 그리스도로 말미암아 구원과 영생을 얻게 하시니 감사합니다. 언제나 순종하는 믿음 주소서. 예수님의 이름으로 기도합니다. 아멘.

❋ 중보기도
(1) 오직 예수를 외치며 사는 성도들이 하나님만을 높이며 살게 하소서.
(2) 복음을 모르고 헛된 욕망을 안고 사는 사람들에게 참된 소망을 알게 하소서.

▶ 만남의 준비

베드로전서 1장 1~7절을 읽고 나그네로 사는 인생에 필요한 것이 무엇인지 생각해 봅시다.

3. 나그네 교훈

> 성경 : 베드로전서 1:1-7 (외울 말씀 7절)
> 찬송 : 204(379), 337장(363)
> 주제 : 복음은 절망도 실패도 좌절도 고난도 넘어서는 힘이 있다.

　베드로전서와 후서의 개요를 살펴보겠습니다. 쓴 사람은 베드로, 기록연대는 AD 63~64년, 기록한 장소는 로마, 편지를 받은 사람(수신자)은 그 당시 본도, 갈라디아, 갑바도기아, 아시아, 비두니아에 흩어진 신자들(나그네)입니다. 그리고 기록 목적은 로마 정권의 극심한 박해를 피해 사방에 흩어져 있는 그리스도인들을 위로, 격려하고 그들에게 소망을 갖도록 하기 위해서였습니다.
　초대교회는 박해 속에서도 신앙을 지켰고 순수성을 지켰습니다. 그러다가 중세기로 접어들면서 교황이 하나님 자리를 차지하고 교회 건물과 종탑이 하늘 높이 치솟고 신부들의 교권이 권력화하고 기독교가 국교가 되면서 교회는 타락하기 시작했습니다.
　지금 우리는 어떻습니까? 베드로가 당시 박해를 견디며 나그네처럼 살고 있는 교인들에게 주신 교훈을 살펴보겠습니다.

1. 고난을 넘어서라고 했습니다.
　베드로 당시 기독교인들은 신앙을 지키기 위해 지하 120m까지 굴을 파고 그곳에 교회와 신학교를 세우고 거기서 신앙을 지켰습니다. 예수를 부인하고 로마 황제를 높이고 숭배한다는 말 한마디만 하면 지하에 숨지 않아도 되고 나그네처럼 살 필요가 없었습니다. 그러나 그 고난을 넘어서야 했습니다. 그 고난 너머 승리가 있고 영원이 있었기 때문입니다(벧전 1:6-7).

고난은 어디나, 언제나, 누구에게나 있습니다. 그 고난을 이기고 넘어서면 영광이 되고 그 고난에 무릎을 꿇으면 절망이 되고 아픔이 되고 실패가 되는 것입니다. 고난을 이기고 넘어선 사람만 영광에 참여하게 됩니다.

십자가 없는 부활, 의미가 없습니다. 고난 없는 영광, 가치가 없습니다. 고난 앞에 무릎 꿇는 사람은 승자가 될 수 없습니다. 절망도 실패도 좌절도 고난도 넘어서는 사람만 승자가 될 수 있습니다. 주저앉는 사람은 앞으로 가지 못합니다. 고난을 넘어섭시다.

2. 바르게 살라고 했습니다.

나그네라고 멋대로 살면 안 됩니다. 보는 사람, 아는 사람 없다고 아무렇게나 행동하고 살면 안 됩니다. 정처 없이 떠돌이처럼 뜬구름처럼 살면 안 됩니다. "나그네로 있을 때를 두려움으로 지내라"(벧전 1:17)라는 권면을 기억해야 합니다.

우리는 세상 법도 지켜야 하고 하나님의 법도 지켜야 합니다. 두 나라의 시민이기 때문입니다. 세상 나라 법은 변하고 잘못될 수도 있고 악법이 될 수도 있습니다. 그러나 하나님의 법은 영원하고 변치 않고 살리는 법입니다. 그 법을 지켜야 합니다. 성경이 곧 법입니다. 성경대로 믿고 살아야 합니다.

3. 산 소망을 품으라고 했습니다.

예수 그리스도로 말미암아 우리를 거듭나게 하신 산 소망은 썩지 않는다, 쇠하지 않는다, 그 소망은 하나님께 있다(벧전 1:3-4,21)고 했습니다.

기독교의 3대 소망이 있습니다. 첫째, 재림 소망입니다. 고난과 박해받는 당시 나그네들에게 주님이 다시 오신다는 메시지는 놀라운 복음이었습니다. 둘째, 천국 소망입니다. 우리가 장차 들어갈 영원한 나라를 우리에게 주셨다는 것은 고난과 핍박을 피해 흩어진 나그네들에게 엄청난 위로의 메시지였습니다. 셋째, 부활 소망입니다. "나는 부활이요 생명이다, 나를 믿으면 죽어도 다시 산다, 살아서 믿으면 영원히 죽지 않는다"(요 11:25-26)라고 하셨습니다.

나그네 교훈을 잊지 맙시다. 정처 없는 나그네, 떠도는 나그네, 갈 곳 없는 나그네처럼 살지 맙시다. 우리에겐 목표가 있고 갈 곳이 있고 할 일이 정해져 있습니다.

탈락자가 되지 맙시다. 낙오자가 되지 맙시다.

거룩한 나그네! 멋진 나그네! 예수 나그네가 됩시다!

▶ **학습 문제**

(1) 고난에 대한 신앙인의 자세는 무엇입니까?

　답 : 고난을 이기고 넘어서면 영광이 된다는 믿음으로 인내해야 합니다.

(2) 바른 신앙으로 산다는 것은 무엇을 말합니까?

　답 : 하나님의 법인 성경대로 믿고 사는 것을 말합니다.

🌱 기도

거룩하신 하나님, 고난을 인내하며 성경대로 믿고 순종하는 복음의 일꾼 되게 하소서. 예수님의 이름으로 기도합니다. 아멘.

🌱 중보기도

(1) 절망과 실패와 좌절로 무너진 일상을 사는 사람들이 복음으로 일어서게 하소서.
(2) 성경이 전해지는 지구촌 곳곳에 복음이 흥왕하게 하소서.

▶ 만남의 준비

요한복음 5장 14~18절을 읽고 교회의 봉사와 섬김의 자세에 대해서 생각해 봅시다.

4. 나도 일한다

> 성경 : 요한복음 5:14-18 (외울 말씀 17절)
> 찬송 : 212장(347), 330장(370)
> 주제 : 맡겨주신 일에 최선을 다하는 것이 하나님의 일이다.

본문은 예수님께서 베데스다 연못에서 병자를 고치신 사건을 다루고 있습니다.

마침 그날은 안식일이었습니다. 시비의 초점은 왜 안식일에 일하느냐? 왜 병자를 고치느냐? 왜 안식일에 침상을 들고 걸어가느냐? 유대인들의 시비에 대한 주님의 답은 "내 아버지는 일하신다. 지금도 일하신다. 안식일에도 일하신다. 고로 나도 일한다"는 것이었습니다(요 5:17, 6:29, 9:4).

1. 하나님이 하시는 일

하나님의 일은 창조와 섭리입니다.

첫째, 함께 하셨습니다. 창세기 1장 26절을 보면 "우리의 형상을 따라 우리의 모양대로 우리가 사람을 만들고"라고 했습니다. 일인칭 복수인 '우리'는 삼위일체 하나님을 지칭합니다. 사람 창조에도 삼위 하나님이 동역하신 것입니다.

둘째, 말씀으로 창조하셨습니다(창 1:3,6-7,11,24,30). 말씀만 하시면

"그대로 되니라"였습니다. 대행사에 맡긴 일도 없고 하청업체에 일을 준 적도 없습니다. 그럴 필요도 없었습니다.

셋째, 완벽하게 창조하셨습니다(창 1:4,10,12,18,21,25,31). "좋았더라"는 말씀이 7차례 반복됩니다. 히브리어에서 '좋았더라'의 뜻은 '위대한, 놀라운, 완벽한 아름다운'이라는 것입니다. 단순미가 아니고 심미의 경지를 의미합니다.

넷째, 섭리하십니다. 창조하신 피조물을 보존하시고 다스리시고 섭리하십니다(시 93:1, 97:1, 99:1). 하나님의 섭리는 시제 상 과거에도 지금도 그리고 영원히 계속됩니다.

그러나 하나님의 섭리 사역 가운데 가장 중요한 것은 구원 사역입니다. 성경 전체는 바로 하나님의 구원을 설명하고 있습니다.

2. 우리가 할 일은 무엇입니까?

"내 아버지께서 일하시니 나도 일한다"는 말씀은 "나도 일한다. 너희도 일하라"는 말씀으로 수용하고 실천해야 합니다.

첫째, 관리하는 일입니다(창 1:26,28). '정복하라, 다스리라'는 것은 '파괴하라, 남용하라'는 뜻이 아닙니다. 선한 관리자, 청지기가 되라는 것입니다.

바울은 "사람이 마땅히 우리를 그리스도의 일꾼이요 하나님의 비밀을 맡은 자로 여길지어다. 그리고 맡은 자들에게 구할 것은 충성이니라"(고전 4:1-2)고 했습니다. 일꾼은 주인도 지휘관도 아닙니다. 일꾼은 그냥 일꾼, 종, 노예일 뿐입니다. 바울은 예수그리스도의 종이었습니다. 단 한 번도 '내가 주인이다'라고 생각한 일도 말한 적도 없었습니다.

한계가 정확해야 합니다. 맡겨주신 일을 합시다. 그 일에 최선을 다

합시다. 그리고 잘했다고 칭찬받읍시다.

둘째, 복음을 전하는 것입니다. 주님은 병자를 고치셨고 굶주린 사람들을 먹이셨고 제자들을 양육하셨고 반대파의 공격을 막아내셨고 죽은 자들을 살리셨습니다. 그러나 이 세상에 오신 이유와 일하신 사역의 초점은 구원 사역입니다.

교회가 할 일도 영혼 구원에 초점을 맞춰야 합니다. 영혼 구원은 관심이 없고 교회를 고상한 문화 공동체로 만들고 싶어 하는 사람들이 있습니다. 십자가 없는 기독교, 복음 없는 기독교는 존재 가치가 없습니다.

왜 일해야 합니까? 주님을 사랑하기 때문입니다. 주께서 하라고 하신 일이기 때문입니다. 언제까지 해야 합니까? 끝까지 생명 다하는 날까지 해야 합니다. 어떻게 해야 합니까? 목숨 바쳐 해야 합니다.

"내 아버지께서 일하시니 나도 일한다." "주님이 일하시니 저도 일합니다" 아멘!

▶ 학습 문제

(1) 하나님께서 창조부터 지금까지 계속하시는 사역은 무엇입니까?

    답 : 하나님은 세상을 구원하기 위해 일하십니다.

(2) 하나님의 자녀들이 주님을 위해 해야 할 일은 무엇입니까?

    답 : 청지기로서 교회에 봉사하고, 가정과 일터와 세상에 복음을 전하는 일입니다.

✿ 기도
구원의 하나님, 청지기로서의 사명을 따라 이웃과 세상을 밝히는 소금과 빛으로 살게 하소서. 예수님의 이름으로 기도합니다. 아멘.

✿ 중보기도
(1) 교회의 직분자들이 충성을 다하는 일꾼이 되게 하소서.
(2) 미전도 종족에게 복음이 전파되어 생명과 구원을 얻게 하소서.

▶ 만남의 준비
출애굽기 14장 21~31절을 읽고 신앙인으로서 위기를 극복하는 방법을 생각해 봅시다.

5. 모세의 위기 해법

> 성경 : 출애굽기 14:21-31 (외울 말씀 31절)
> 찬송 : 268장(202), 365장(484)
> 주제 : 위기가 있을 때, 회개하고 기도하고 하나님의 주권을 인정해야 한다.

　모세는 하나님이 하라는 대로 했습니다. "애굽으로 들어가라", 들어갔습니다. "열 가지 재앙을 내리라", 그대로 했습니다. "이스라엘 민족에게 총동원령을 내려 애굽을 떠나라", 그대로 했습니다. 모세 개인의 생각이나 뜻대로 한 일은 단 한 가지도 없었습니다. 그런데 위기가 닥쳤습니다.
　바로왕의 추격이 위기였습니다. 바로 군대의 창칼에 죽느냐? 홍해에 빠져 죽느냐? 몽땅 포로가 되어 끌려가느냐? 절망이고 해법이 없었습니다.
　백성의 원망도 위기였습니다(출 14:10-12). 원망과 불평, 분노와 허탈, 절망과 공포가 들끓기 시작했습니다. 왜 원망했습니까? 기대가 무너졌기 때문입니다. 희망의 등불이 꺼져버렸기 때문입니다. 길이 막혔기 때문입니다.

1. 모세의 해법을 찾아보겠습니다.

먼저 가만히 있으라고 했습니다(출 14:13-14). '설치지 말라, 경거망동하지 말라, 덤비지 말라, 나서지 말라, 떠들지 말라'는 뜻입니다. 내가 설치면 하나님이 손을 뗍니다. 내가 떠들면 하나님의 소리가 안 들립니다. 내가 잘난 척하면 하나님이 안 보입니다.

둘째, 하나님의 구원을 보라는 것입니다. 넋 놓고 멍청히 서 있으라는 게 아닙니다. "두려워 말라." "하나님의 구원을 보라." "하나님이 너희를 위하여 싸우신다." 이 믿음이 나에게 있다면 그 어떤 위기도 절망도 고난도 겁날 게 없습니다.

셋째, 바다 위로 손을 내밀라는 말씀에 순종했습니다(출 14:16,21). 그냥 어린아이처럼 믿고 손을 내밀면 됩니다. 하라는 대로 하면 됩니다. 그게 해법입니다. 머리 굴릴 필요도 없고 잔꾀를 부릴 필요도 없습니다. 그러면 해결이 안 됩니다.

넷째, 드디어 하나님이 싸우기 시작했습니다(출 14:21-22,28,29). 하나님은 칼 한 번 휘두르지 않고, 창 한 번 던지지 않고, 그날 애굽 사람을 처치하셨습니다. 바로는 군대를 동원했고 장군들을 동원했고 무기를 동원했습니다. 그러나 졌습니다. 그 누구도 하나님을 이길 수 없습니다. 하나님을 뛰어넘을 수 없습니다. 그 무엇도 그 어떤 것도 하나님과 비교하지 마십시오.

2. 승리한 비결은 무엇입니까?

모세는 평소 하나님과 친했습니다(출 33:11). 이사야 41장 8절을 보면 '나의 벗 아브라함'이라고 했습니다. 어려울 때 곁에 있어주는 사람, 외롭고 슬플 때 곁에 있어주는 사람, 다 등 돌리고 배신해도 손잡아 주는 사람, 함께 나누고 이야기하는 사람, 다 떠나고 모르는 척해도 위로해주는 사람, 그가 친구입니다.

그리고 믿었습니다. 하나님은 전능하시다, 능치 못하심이 없다, 다 하신다, 다 해결하신다는 것을 믿었습니다. 모세가 문제를 풀고 해결한 것이 아닙니다. 모세는 하나님이 하라는 대로 했을 뿐입니다. 모세가 주인공이 아닙니다. 모세가 개선장군이 아닙니다. 믿고 순종했기 때문에 그날 홍해의 대승을 거둔 것입니다.

3. 우리의 해법은 무엇입니까?

첫째, 회개해야 합니다. 이스라엘은 국가가 위기를 겪을 때마다 왕도 대신도 백성도 제사장도 회개했습니다. 나부터 회개하면 됩니다. '회개하라!'가 아니라, '회개합니다!'가 되어야 합니다.

둘째, 기도해야 합니다. 사무엘도 히스기야도 기도로 위기를 극복했습니다. 기도가 해법입니다. 모세도 기도하고 위기를 해결했습니다.

셋째, 하나님의 주권을 믿고 인정해야 합니다. 다른 방법을 찾지 맙시다. 개인도 가정도 교회도 나라도 위기가 있을 수 있습니다. 그러나 하나님은 우리를 버리시지 않습니다.

우리를 살려주옵소서. 위기를 해결하여 주옵소서. 아멘.

▶ 학습 문제

(1) 모세가 위기에 직면했을 때 한 일은 무엇입니까?

    답 : 하나님께서 하라는 대로 믿고 순종했습니다.

(2) 우리가 위기를 만날 때 해결 방법은 무엇입니까?

    답 : 회개하고 기도하고 하나님의 주권을 믿고 인정해야 합니다.

기도
사랑의 하나님, 위기가 있을 때 더욱 겸손히 하나님의 은혜와 섭리를 구하는 믿음을 주소서. 예수님의 이름으로 기도합니다. 아멘.

중보기도
(1) 위기의 순간에 회개와 기도로 나아가는 성도들을 긍휼히 여기소서.
(2) 전쟁과 질병으로 위기 앞에 서 있는 국가들을 살피시고 구원을 베풀어주소서.

▶ **만남의 준비**
갈라디아서 3장 23~29절을 읽고 그리스도와 합하는 삶이 무엇인지 생각해 봅시다.

6. 그리스도와 합한 사람들

> 성경 : 갈라디아서 3:23-29 (외울 말씀 27절)
> 찬송 : 87장(87), 438장(495)
> 주제 : 그리스도와 합한 사람은 평화를 만들고 화해를 만들고 행복을 만든다.

갈라디아교회는 바울이 1차 전도 여행 때 세운 교회이고, 갈라디아서는 갈라디아 교회에 보낸 편지입니다.

갈라디아 교인들은 바울이 전한 복음을 전폭적으로 받아들이지 못하고 이단의 가르침에 귀를 기울이고 따르는 변덕을 부렸습니다. 그들에게 바울은 "다른 복음은 없다 예수 그리스도만 복음이고 구원이다, 흔들리지 말라, 이단에 현혹되지 말라"고 했습니다. 그것이 갈라디아서의 골자입니다.

성경의 교훈은 '합하라, 하나 되라' 입니다. 어느 곳에도 '나뉘어라, 분열해라, 헤어져라' 는 곳은 없습니다.

1. 하나 되어야 합니다.

첫째, 아담과 하와도 하나 되라고 했습니다.

창세기 2장 24절을 보면 "이러므로 남자가 부모를 떠나 그의 아내와 합하여 둘이 한 몸을 이룰지로다"라고 했습니다. 예수님은 같은 신앙, 같은 마음, 같은 생각, 같은 가치로 하나 되라고 말씀하십니다(마 19:6). 바울은 남자와 여자의 결혼은 정신적으로 영적으로 그리고 육체적으로도 결합해야 한다는 것을 강조합니다(엡 5:31). 성경의 결혼 원리는 남자와 여자가 하는 것, 둘이 합하여 하나가 되는 것입니다.

둘째, 교회도 하나 되라고 했습니다(엡 4:3-6,11).

교회는 다양한 사람이 모여 있습니다. 성격도 다르고 취미도 다르고 식성도 다르고 전공도 다르고 고향도 다르고 얼굴도 다르고, 다른 점이 수십 가지입니다. 그렇다고 각각 따로 가면 교회는 수렁에 빠지고 맙니다.

주님 마음에 드는 교회, 주님 뜻을 따르는 교회, 주님이 원하시는 교회가 되어야 합니다. 주님과 합하는 교회, 주님과 하나 되는 교회라야 합니다. 예수님과 합하고 하나 되면 교회도 되살아나고 회복됩니다.

셋째, 남과 북이 하나 되라고 했습니다.

에스겔 37장 15~28절을 보면 북왕국 이스라엘과 남왕국 유다가 합하여 하나가 되라고 예언했습니다. 이것이 하나님의 뜻입니다.

2. 그리스도로 옷 입어야 합니다.

갈라디아서는 "누구든지 그리스도와 합하기 위하여 세례를 받은 자는 그리스도로 옷 입었느니라"(갈 3:27)고 했습니다. 그리스도와 합한 사람은 그리스도로 옷 입었다고 했습니다(롬 13:14).

예수 그리스도가 우리에게 주시는 옷은 피 묻은 옷입니다. 십자가에 못 박히시며 흘리신 피 묻은 옷, 그 옷을 입어야 구원받습니다. 그 예수를 믿어야 구원받습니다. 그 옷은 영원히 디자인도 색상도 변하지 않습니다.

3. 예수 그리스도와 합하면 어떤 변화가 일어납니까?

첫째, 언어가 달라집니다. 불평, 불만, 부정, 비난, 난폭한 언어가 순화되고 아름답게 변합니다. 하나님은 내가 입 밖으로 내뱉지 않은 말도 다 알고 계십니다. 우리의 언어를 감사 언어, 축복 언어로 바꿉시다. 그것이 예수와 합한 사람의 언어 자세입니다.

둘째, 삶이 변합니다. 사탄의 전략은 '나눠라, 헤어져라, 싸워라, 대들어라, 공격하라' 입니다. 그래서 사탄과 손잡은 사람은 싸우기 좋아하고 험담, 비판을 좋아합니다. 그러나 예수 그리스도를 옷 입은 사람, 닮은 사람, 따르는 사람, 손잡은 사람, 합한 사람은 평화를 만들고 화해를 만들고 행복을 만듭니다.

예수님의 십자가는 담을 헐어주셨습니다(엡 2:14). 오직 십자가, 오직 예수!

▶ **학습 문제**

(1) 그리스도로 옷 입는다는 것은 무엇입니까?
　답 : 십자가에 못 박히시며 흘리신 피 묻은 옷. 그 옷을 입어 구원받는 것을 말합니다.

(2) 그리스도와 합하는 사람의 변화는 무엇입니까?
　답 : 언어가 달라지고 삶이 변하여 평화와 화해와 행복을 만듭니다.

🌱 **기도**

하나님 아버지, 십자가의 은혜가 가정과 교회, 일터와 세상에 평화를 가져오게 하소서. 예수님의 이름으로 기도합니다. 아멘.

🌱 중보기도

⑴ 시기와 다툼이 있는 곳에 그리스도의 십자가 사랑으로 화평을 이루게 하소서.

⑵ 계층과 노사와 지역과 세대 등의 갈등이 십자가의 은혜로 해법을 찾게 하소서.

▶ 만남의 준비

고린도전서 9장 24~27절을 읽고 자신을 다스리고 마음을 다스리는 방법에 대해 생각해 봅시다.

7. 자아 다스리기

성경 : 고린도전서 9:24-27 (외울 말씀 27절)
찬송 : 322장(357), 543장(342)
주제 : 참된 그리스도인이 되고 제자가 되려면 하나님께 맡기고 자리를 내드려야 한다.

　가장 힘든 싸움, 이기기 어려운 싸움 상대는 누구일까요? 그것은 바로 나 자신입니다. 유교 사서삼경 대학에 「수신제가 치국평천하」(修身齊家 治國平天下)라는 글이 있습니다. 자신의 몸과 마음을 다스린 사람이 가정을 다스릴 수 있고 나라를 다스릴 수 있고 천하를 다스리고 태평하게 할 수 있다는 것입니다. 그러나 이것은 이상이지 현실은 아닙니다. 그 누구도 이대로 순차를 따라 수신제가 치국평천하할 사람은 없기 때문입니다. 그러나 주목할 것은 자신을 다스리는 것이 기본이고 출발점이라는 점입니다.
　자아 다스리기, 결코 쉽지 않습니다.
　바울은 본문 9장 27절에서 내가 내 몸을 쳐서 복종시키는 이유는 다른 사람에게 전파한 후에 자신이 도리어 버림을 당할까 두렵기 때문이라고 했습니다. 성공한 사람은 자신을 잘 다스렸기 때문이고 실패한 사람들은 자신과의 싸움에 졌기 때문입니다.

1. 내 마음을 다스려야 합니다(잠 4:23, 16:32).

왜 마음을 지키고 다스려야 합니까? 마음은 육체의 생각과 행동을 조종하기 때문입니다. 모든 것이 마음에서 나오고 시작됩니다(롬 1:29-31). 내 마음속에 수를 셀 수 없는 적병들이 점령군처럼 자리 잡고 있습니다. 그리고 시도 때도 없이 입을 통해 행동을 통해 그 정체를 드러냅니다.

화내고 소리 지르는 사람을 좋아하는 사람은 없습니다. 사람이 곁을 떠납니다. 화는 백해무익입니다. 자신을 다스리고 마음을 다스려야 합니다.

2. 영혼을 다스려야 합니다(롬 7:18-25).

바울은 "선을 행하려는 마음과 악을 행하려는 마음", "하나님의 법을 따라 살려는 나와 죄의 법을 따라 살려는 나" 이 두 개의 자아가 싸우고 있다고 강조합니다. 이것은 바울의 내면 전쟁이고 영적 전쟁이고 영적 갈등이었습니다.

바울은 승전하여 승자가 되는 방법을 본문에서 제시하고 있습니다.

첫째, '절제하라'입니다(고전 9:25). 신앙생활도 인생을 사는 것도 절제가 필요합니다. 절제할 것이 많습니다. 말, 행동, 습관, 생각, 관계, 오락, 먹고 마시는 것도 절제가 필요합니다. 멋대로 생각하지 맙시다. 멋대로 말하지 맙시다. 멋대로 살지 맙시다.

둘째, '목표를 정하라'입니다(고전 9:26). "향방 없는 것처럼 하지 말라. 허공을 치는 것처럼 하지 말라"고 했습니다. 향방이 없다는 것은 목표가 없다는 것입니다. 인생도 신앙도 목표가 있습니다. 목표설정이 잘못되면 인생도 신앙도 망가져 버립니다. 상대편에게 펀치를 날려야지 헛손질하면 힘이 빠지고 체력이 소모됩니다. 경기에 이길 수가 없습니다.

왜 사는가? 왜 일하는가? 왜 돈을 버는가? 왜 교회를 다니는가? 왜 예수를 믿는가?

그 목표가 분명하고 확실해야 합니다. 한눈팔지 말고 곁눈질하지 말고 예수님을 바라봅시다(히 12:2).

셋째, '내 몸을 쳐 복종시키라'입니다(고전 9:27). 내가 참된 그리스도인이 되고 제자가 되려면 나를 쳐서 복종시켜야 합니다(막 8:34-35). 내 자아가 살아 꿈틀거리면 안 됩니다. 내가 죽어야 내가 삽니다. 문제는 내가 나를 다스리기를 포기하고 버리는 것이 결코 쉽지 않다는 것입니다.

그러기에 하나님께 맡기고 자리를 내드려야 합니다(고전 15:57). 내가 나를 이기고 다스리는 것이 아닙니다. 내가 내 문제를 풀고 해결하는 것이 아닙니다. 내가 나를 통제하고 새사람 만드는 것이 아닙니다. 내가 나를 구원하는 것이 아닙니다. 하나님이 하십니다.

주님, 저를 다스려주십시오. 다스리심을 따르겠습니다! 아멘.

▶ 학습 문제

(1) 어떻게 마음을 지키고 다스릴 수 있습니까?(잠 4:23, 16:32)

답 : 그리스도의 능력을 힘입어 생각과 말과 행동을 절제할 수 있습니다.

(2) 그리스도인이 문제를 해결하는 방법은 어떠해야 합니까?

답 : 나를 쳐서 복종하기 위해 하나님께 맡기고 자리를 내드려야 합니다.

🌱 기도
전능하신 하나님, 인생의 시련과 어려움을 주께 맡기오니 다스리셔서 새롭게 하소서. 예수님의 이름으로 기도합니다. 아멘.

🌱 중보기도
(1) 갈등과 분노로 고통당하는 가정들이 전신갑주를 입어 화평을 이루게 하소서.
(2) 이 땅의 청년들이 주의 은혜로 마음과 영혼이 건강하여 비전을 품게 하소서.

▶ 만남의 준비
역대상 4장 9~10절을 읽고 믿음으로 구하는 기도에 대해서 생각해 봅시다.

8. 행복지수 높이기

> 성경 : 역대상 4:9-10 (외울 말씀 10절)
> 찬송 : 300장(406), 429장(489)
> 주제 : 행복하다고 말하면 행복지수가 높아지고, 할 수 있다고 말하면 길이 열린다.

본문은 야베스는 귀한 아들이었다는 것, 어머니가 야베스라고 이름을 지었다는 것, 그리고 야베스의 기도로 구성되어 있습니다.

야베스가 드린 기도를 한마디로 요약하면 행복지수를 높여달라는 것입니다. 다시 말하면 "행복하게 살게 해주십시오. 그 행복이 오랫동안 지속되게 해 주십시오" 라는 것입니다.

야베스의 경우 하나님께 행복을 구하고 기도했습니다. 그리고 그가 구한 것을 허락하시고 주신 분은 하나님이십니다(대상 4:10). 다시 말하면 행복을 주시는 분은 하나님이시고, 행복을 지키시는 분도 하나님이시고, 그 행복을 거두시고 깨뜨리시는 분도 하나님이시라는 것입니다. 참된 복은 물량적인 것(돈, 명예, 권력)에 있는 것이 아니라 하나님의 집에 머물고, 하나님 바라보고, 하나님과 교제하는 것이라는 것입니다. "믿음의 주요 또 온전케 하시는 이인 예수를 바라보자"(히 12:2)는 말씀을 주목합시다. '믿음의 주'란 믿을 만한 주, 믿어야 할 주, 주인 되시는 주, 구원의 주, 주님 되시는 주라는 뜻입니다. '온전케 하시는 이'라는 것은 완성자, 완전자라는 뜻입니다. 다른 것 바라보지 말고 구주되신 주님, 완성하시는 주님을 바라보라는 것입니다.

교회 공동체와 신앙생활도 마찬가지입니다. 행복한 사람들이 행복한 교회를 만듭니다. 좋은 교회, 좋은 사람을 찾아다니지 마십시오. 내가 건강한 사람이 되면 가정도, 교회도, 국가도 건강해집니다. 내가 나쁜 세포, 병든 세포, 악성 세포, 병든 사람이 되면 가정도, 국가도, 교회도 병들게 됩니다. 행복지수를 높이려면 어떻게 해야 합니까?

1. 행복 언어, 긍정 언어를 사용해야 합니다.

불행하다고 말하면 불행해지고, 안 된다고 말하면 안 됩니다. 행복하다고 말하면 행복지수가 높아지고, 할 수 있다고 말하면 길이 열립니다.

속담에 "말이 씨가 된다"는 말이 있습니다. 심은 대로 거둔다, 뱉은 대로 담는다는 말과 같은 뜻입니다. 학자들에 의하면 우리나라 말처럼 형용사나 수식어가 풍성한 말은 없답니다. 그리고 우리나라 말처럼 욕이 많은 언어도 없답니다.

행복 언어, 긍정 언어, 축복 언어로 바꿉시다.

2. 자족해야 합니다.

자족은 만족한 상태를 말하고 감사로 드러납니다. 환경이나 처지를 불평하고 짜증스럽게 여기는 사람과 감사하는 사람은 말과 행동이 다릅니다.

내가 받은 복을 세어 보십시다(찬송가 429장). 그리고 받은 복을 얼마나 감사했고 얼마나 나눴는가 생각해 보십시다. 우리는 이미 복을 받았고 지금도 복을 받고 있고, 그리고 내일도 복을 받을 것입니다. 받은 복을 놓치거나 버리지 맙시다. 주실 복을 기대하고 구하십시다. 그 무엇과도 바꿀 수 없는 복, 그 무엇과 비교할 수 없는 복, 돈으로 값 주고 살 수 없는 복, 최고 최대의 행복은 무엇일까요? 그것은 바로 예수님입니다. 예수님을 만나고 믿고 함께 살고 함께 가고 죄 사함 받고 구원받는 것, 이보다 더 큰 복이 어디 있습니까? 이보다 더 큰 행복이 있습니까?

3. 맡겨야 합니다.

믿음이란 신뢰하고 맡기는 것입니다. 내가 내 문제를 책임질 수 없을 때 해결할 수 없을 때 불안합니다. 그러나 맡길 데가 있고, 맡길만한 사람이 있으면 걱정할 필요가 없습니다. 죄의 짐, 인생의 짐, 생활의 짐, 무거운 짐, 큰 짐, 버거운 짐을 다 맡깁시다. 그 짐 때문에 비틀거리지 말고 주저앉지 말고 쓰러지지 맙시다. 맡기면 맡아주신다는 약속의 말씀을 믿고 맡깁시다(벧전 5:7, 마 11:28). 믿고 맡기면 가벼워지고 편해지고 행복해집니다. 맡기고 행복지수 높이며 살아갑시다.

▶ 학습 문제

(1) 교회 공동체와 신앙생활이 행복하기 위해 필요한 것은 무엇입니까?
   (히 12:2)
   답 : 예수를 바라보고 전신갑주를 입어야 합니다.
(2) 행복지수를 높이려면 어떻게 해야 합니까?
   답 : 긍정 언어를 사용하고, 자족하면서, 온전히 맡겨야 합니다.

🌿 기도
하나님 아버지, 무거운 짐을 지고 갈 때 주님을 온전히 믿고 맡기는 인생이 되게 하소서. 예수님의 이름으로 기도합니다. 아멘.

🌿 중보기도
(1) 다음 세대가 전신갑주를 입고 사랑과 행복을 전하고 나누는 인생이 되게 하소서.
(2) 이주여성과 외국인 근로자들의 안전을 지켜주시고 행복한 희망을 갖게 하소서.

▶ 만남의 준비
마태복음 26장 20~30절을 읽고 예수님을 끝까지 따르는 길을 생각해 봅시다.

PART 02
김병삼 목사 편

3월 _ 고난 속의 은혜를 찾아가는 달

9. 나는 아니지요? (마 26:20-30)
10. 유다의 배신 그리고 나 (마 26:14-16)
11. 열정과 배신은 동전의 양면 (마 26:69-75)
12. 빌라도의 고민, 비겁함, 그리고 허영심
    (마 27:11-26)
13. 당신도 구레네 시몬일 수 있다 (마 27:32)

4월 _ 부활의 감격을 누리는 달

14. 십자가 아래서 부활의 증인이 되다
(마 27:54, 28:1-10)
15. 십자가로 족하다 (요 3:14-16)
16. 산다는 것 (갈 2:20)
17. 믿음이 좋다는 것 (고전 15:1-11)

9. 나는 아니지요?

> 성경 : 마태복음 26:20-30 (외울 말씀 26-28절)
> 찬송 : 290장(412), 94장(102)
> 주제 : 예수님을 삶의 주인으로 인정하는 자만이, 다른 이를 향한 정죄가 아닌 안타까움으로 성령의 도우심을 구하는 자만이 끝까지 예수님을 따를 수 있습니다.

본문은 주님께서 제자들과 함께하셨던 최후의 만찬에 관한 기사입니다. 예수님을 가운데 모시고 열두 제자가 둘러앉아 떡을 떼며 포도주를 마시고 있었습니다. 그런데 그때 주님이 폭탄선언을 하셨습니다. "너희 중 한 사람, 곧 나와 함께 먹는 자가 나를 팔리라."

1. 나는 아니지요?

예수님의 말씀을 들은 제자들은 "나는 아니지요?"라고 반문합니다. "그들이 몹시 근심하여 각각 여짜오되 주여 나는 아니지요"(22절). "예수를 파는 유다가 대답하여 이르되 랍비여 나는 아니지요 대답하시되 네가 말하였도다 하시니라"(25절). 두 가지 반응에서 다른 점을 한 가지 발견할 수 있습니다. '그들'이라고 표현된 다수의 제자는 예수님의 말에 근심하며 묻고 있습니다. 그런데 예수를 팔게 될 유다는 심각하게 받아들이지 않고 그저 '대답'하고 있습니다. 한 손에는 돈을 쥐고,

한 손에는 빵을 들고 예수님 말씀을 듣고 있는 것입니다. 걱정이 가득한 다른 제자들의 마음은 "주여!"라고 묻는 물음에서 잘 나타납니다. 어떻게 자기 주인을 배신할 수 있겠습니까? 그런데 유다는 "랍비여"라고 말합니다. 예수님을 자신의 삶에서 객관화하고 있는 것입니다. 유다에게 있어서 예수님은 자기 삶의 주인이 아니라 '선생'일 뿐입니다. 그러니 조금은 무관심하고 냉담하게 묻고 있지 않을까요?

오늘 이 본문은 우리에게 아주 중요한 물음을 던지고 있습니다. 예수님이 우리의 'master'인지 아니면 'teacher'인지 말입니다. '주'이신 예수님의 말씀은 명령인지만, '선생'의 말씀은 단순한 '선택'입니다. 주님을 배신하는 것은 우리의 삶에 심각한 문제이지만, 선생을 배신하는 것은 또 다른 선택의 영역인 것입니다.

2. 정죄의 들보를 제거하라

"나는 아니지요?"라는 제자들의 반응이 의미심장합니다. 이후에 유다가 예수님을 로마 병정에게 넘기고, 베드로가 세 번 부인하고, 주님이 십자가를 지시는 동안 주님 곁을 다 떠나갈 제자들이라면, 이렇게 말해서는 안 됩니다. 오히려 "그 사람이 혹시 저입니까?"하고 물어야 했지 않을까요? "나는 아니지요?"라는 대답에는 다른 사람을 향한 비난과 정죄가 숨어있습니다. 이 대답을 할 때 아마도 제자들의 마음속에는 다른 제자들의 과거 행적들이 떠올랐을 것입니다. 실수했거나 부족했거나 눈에 띄는 잘못을 한 이들을 떠올리며 자신은 아니라고 위안했을 것입니다. 그러나 우리는 그 자리에 있던 제자들이 예수님이 십자가에 달리실 때 어디에 있었는지 성경을 통해 알고 있습니다.

예수님께서 십자가를 지시기 전, 제자들에게 베푸신 마지막 만찬의 자리가 위로와 평화의 자리가 되어야 하는데, 제자들이 배신과 경계의 눈초리로 서로를 보게 된 이유는 상대방을 향한 '정죄의 들보'를 가지고 있었기 때문입니다. 우리는 우리 안에 있는 정죄의 들보를 제거해야 합니다. 우리 속에 있는 들보는 우리 능력으로 제거할 수 없습니다. 반드시 성령님의 도우심을 구해야 합니다.

최후의 만찬에서, 너희 중 누군가가 나를 배신하리라는 예수님의 말씀에 대하여 우리는 정직하게 대답해야 합니다. 제가 아닌 다른 제자라고, 우리가 모두 똑같이 말하고 있다면 결국 예수님을 배신하는 그 사람은 내가 될 것입니다.

▶ 학습 문제

(1) 나에게 예수님은 'master'입니까, 'teacher'입니까?

　답 : 내 삶에 예수님을 어떤 분으로 받아들이는지에 따라 고난 중에 주님을 따르는 제자가 될 수도, 주님을 파는 제자가 될 수도 있습니다. 예수님을 삶의 주인으로 받아들이는 자만이 주님을 끝까지 따를 수 있습니다.

(2) 나는 정죄의 들보를 제거하기 위해 성령의 능력을 구하고 있습니까?

　답 : 깊이 뿌리박힌 정죄의 들보는 나의 힘으로 제거할 수 없습니다. 공동체와 나를 위해 오직 성령의 능력을 구하며 기도해야 합니다.

✿ 기도

나의 주인이신 하나님, 어떠한 상황 가운데서도 주님을 주로 고백하기 원합니다. 주님의 말씀 앞에서 다른 이를 탓하며 자신의 연약함을 감추는 그릇된 모습이 아니라, 사랑과 충성으로 서로 연합하는 참된 교회의 모습으로 끝까지 주님을 따르게 하소서. 예수님의 이름으로 기도드립니다. 아멘.

🌱 중보기도

(1) 어떠한 상황과 환경 중에도 예수님을 주인(master)으로 고백하는 한국 교회가 되게 하소서.
(2) 정죄의 들보를 제거하고 사랑으로 서로를 보듬는 우리 교회 공동체가 되게 하소서.

▶ 만남의 준비
마태복음 26장 14~16절을 읽고 예수님의 주님 되심을 묵상해 봅시다.

10. 유다의 배신 그리고 나

성경 : 마태복음 26:14-16 (외울 말씀 15절)
찬송 : 295장(417), 449장(377)
주제 : 예수님을 나의 주인으로 온전히 받아들이고 있는지, 아니면 무엇을 얻기 위해 예수님을 따르고 있는지 판가름할 순간은 반드시 옵니다.

1. 예수를 넘겨주는 것이 우상 숭배다!

유다가 배신하기 전까지 예수님께서는 많은 기회를 주셨습니다. '최후의 만찬'에서 암시적으로 유다를 지적하시고 사랑과 긍휼로 그에게 회개의 기회를 주셨지만 유다는 주님의 은총을 저버리고 결국 배신합니다. 물질에 완전히 눈이 멀어 스승인 예수님을 팔려고 대적들과 은밀하게 흥정하고(마 26:14-16) 그것을 실행함으로써(마 26:47-50) 결국 멸망의 자식(요 17:12)이요, 마귀(요 6:70)가 되고 말았습니다. 그는 예수님이 부당하게 사형을 선고받자 무죄한 스승을 판 일로 괴로워하다가 목매어 자살하였습니다(마 27:3-5).

유다는 자신이 무슨 권리로 예수님을 넘겨주고 돈을 받을 수 있다고 생각했을까요? 마음속으로 예수님을 '자신의 수단'로 생각했던 것이 아닐까요? 배신자는 예수님을 '주'로 고백하는 것이 아니라, 주인 된 자신의 마음대로 예수님을 이용합니다. 유다의 마음속에서 예수님은 자신의 성공을 위해 필요했던 존재였으나, 이제 필요가 없으니 마땅한 대가를 받고 넘겨야겠다고 생각한 것은 아닐까요?

유다의 배신은 '우상숭배'와 깊은 관련이 있습니다. 우리는 예수님을 믿으면서 무엇을 얻으려고 하나요? 유다는 예수님을 따라다니면서 그가 생각했던 이상이 만족되지 않으니 예수님을 포기했습니다. 예수님을 팔아 돈을 얻었지만, 그 돈도 자기 것이 아니었습니다. 그가 죽을 때 제사장의 뜰에 돈을 던지고 갔지만, 사실은 돈에 버림받은 비참한 인간이 되어 버린 것이죠. 예수님을 넘겨주고 얻으려는 것이 바로 우상숭배입니다.

우리 인생에서 예수님을 주로 고백하지 못한다면, 언제든지 우상숭배의 유혹에 넘어갈 수 있습니다. 삶에서 정직하게 예수님을 주로 고백한다면 무엇을 해도 우상을 숭배하지 않습니다. 예수님이 우리 삶에 주인으로 거하는 한, 사탄의 어떤 유혹도 우리에게 들어오지 못합니다.

2. '나'는 누구인가?

"예수를 파는 자가 그들에게 군호를 짜 이르되 내가 입 맞추는 자가 그이니 그를 잡으라 한지라. 곧 예수께 나아와 랍비여 안녕하시옵니까 하고 입을 맞추니"(마 26:48-49). 예수님께 입 맞추고 있는 유다의 모습을 묵상할 때 우리의 모습이 오버랩 되지는 않습니까?

1980년대 영국을 방문한 빌리 그레이엄 목사님이 중요한 질문을 던져 영국 교회에 새로운 부흥의 기폭제가 된 적이 있습니다. 우리가 알듯이 유럽 사람들은 자기 스스로 그리스도인이라고 여기고 있습니다. 그래서 Billy Graham은 그들에게 진지한 질문을 했습니다. "What kind of christian you are?(당신은 어떤 종류의 그리스도인인가요?)"

이것은 오늘 우리에게도 매우 중요한 질문입니다. 당신은 어떤 종류의 신자입니까? 영국 사람들은 신자를 네 종류로 분류합니다. 첫째는 paper christian입니다. 해가 쨍쨍 쪼이면 터져서 못 나오고, 비가 오면 젖어서 못 나옵니다. 둘째는 season christian입니다. 1년 중 부활절, 추수감사절, 성탄절 등의 절기 때만 교회를 찾아 나옵니다. 셋째는 between christian입니다. 주일날은 크리스천이고, 평일은 주님과 관계없이 살아갑니다. 주일에는 교회 나와 주(主)님을 섬기고, 평일에는 세상에 나가 주(酒)님을 섬기는 사람들입니다. 넷째는 everyday christian입니다. 구약시대 에녹처럼 언제 어디서나 하나님과 동행하는 신자입니다.

유다는 왜 예수님을 배신했을까요? 예수님을 '주'로 고백하지 못하는 인생이었기 때문입니다. 주님을 따라다녔지만, 그의 마음에는 늘 마귀가 유혹할 틈이 있었습니다. 예수님이 우리 삶의 '주'가 되시면 순종하는 것이 자연스럽습니다. 하지만 우리 속에 사탄이 들어와 주님의 자리를 대신하면, '교만'이 생깁니다.

사탄은 우리가 성령님의 지배를 받고 있는지, 주님이 내 삶의 주인인지 늘 시험합니다. 유다에게 바로 그런 순간이 왔던 것이지요. 그저 예수님을 따라다닐 때는 몰랐는데, 자신의 인생에서 가장 중요한 선택의 기로에 섰을 때 비로소 예수님이 자신의 주인이 아니라는 것이 명백해지는 것입니다. 우리도 가룟 유다가 될 수 있습니다. 우리 삶에도 반드시 이런 선택의 순간이 오기 때문입니다.

▶ **학습 문제**

(1) 내가 예수님을 따르는 이유는 무엇입니까?

답 : 내가 원하는 무언가를 얻기 위해 예수님을 따르는 사람의 결과를 유다를 통해 알 수 있습니다. 진정 주님을 나의 주인으로 고백하며 순종함으로 따라야 합니다.

(2) **나는 어떤 그리스도인입니까?**(What kind of christian you are?)
답 : 매일 순종함으로 하나님과 동행하는 everyday christian이 되어야 합니다.

기도
사랑의 하나님, 예수님을 배신하고 우상을 숭배했던 유다의 모습 속에서 나의 모습을 봅니다. 날마다 교만한 마음을 버리고 주님께 순종하며 나아가는 주님의 종이 되게 하소서. 예수님의 이름으로 기도드립니다. 아멘.

중보기도
(1) 주님을 목적을 위한 수단으로 여기는 교회 되지 않게 하소서.
(2) 언제나 하나님과 동행하며 순종하는 공동체(구역) 되게 하소서.

▶ 만남의 준비
마태복음 26장 69~75절을 읽고 열정과 배신에 대해 묵상해 봅시다.

11. 열정과 배신은 동전의 양면

> 성경 : 마태복음 26:69-75 (외울 말씀 75절)
> 찬송 : 205장(236), 151장(138)
> 주제 : 우리는 잘못된 열정과 두려운 마음 때문에 예수님을 배신하고 실패하지만, 하나님은 끝까지 우리를 찾아오셔서 은혜를 더하시고 일으키십니다.

1. 예수와 함께 있었도다!

'한 여종'이 베드로에게 와서 말합니다. "너도 예수와 함께 있었도다"(마 26:69). 이 말이 배신의 시작입니다. 베드로가 주님과 함께했던 시간이 얼마나 자랑스러웠겠습니까? 그는 기적의 현장, 주님이 가시는 길에 앞장서 걸었던 사람입니다. 그러나 오늘 본문에서 베드로는 '예수와 함께' 했던 순간들을 수치스럽게 느껴 예수님을 배신합니다. 자랑스러움이 왜 수치스러움으로 변했을까요?

베드로 하면 '열정'이라는 단어가 생각납니다. 그런데 또 생각나는 단어가 있습니다. '배신'입니다. 두 단어의 관계는 무엇일까요? 생각해보면 열정이 없는 사람에게 '배신'은 어울리지 않습니다. 기대가 없기 때문이죠. 베드로의 배신이 혹시 '잘못된 열정' 때문은 아니었을까요?

열정은 '하나님 안에 있는 것'이 바른 열정입니다. 하나님 안에 있지 않은 왜곡된 열정이 베드로로 하여금 쉽게 배신하게 만든 것은 아닐까요? 우리는 하나님을 향한 끊임없는 열정과 자신의 욕망을 정직하게 구별할 줄 알아야 합니다.

본문 말씀을 통해 잘못된 열정, 식지 않는 열정으로 결국 배신했던 베드로를 찾아가신 하나님을 만나게 됩니다. 하나님은 예수님을 모른다고 부인한 베드로가 그가 했던 고백대로 끝까지 살아가도록 만드셨던 분입니다. '열정'이 방향을 바로 잡으면 무섭게 타오르는 불꽃이 될 수 있습니다. 주님의 열정 앞에 다시 선 베드로는 결국 거꾸로 십자가에 못 박혀 죽음으로 하나님의 소원을 이루는 사람이 되었습니다.

동전의 양면처럼, 베드로의 배신이 있었기 때문에 그의 열정이 더욱 뜨겁게 타오르지 않았을까요? 우리는 베드로의 배신에서 동일하게 우리의 약함, 비겁한 모습을 봅니다. 그리고 부끄러움과 수치 가운데 부르심을 받는, 다시 타오르는 그의 열정을 봅니다.

2. 두려운 마음과 통곡의 순간

"베드로가 맹세하고 또 부인하여 이르되 나는 그 사람을 알지 못하노라 하더라"(마 26:72). 맹세는 자신이 하는 말이 진실이라는 약속입니다. 율법은 맹세를 지키라고 말합니다. 그러나 많은 사람이 쉽게 맹세합니다. 자신의 이익과 관계되면 일단 맹세부터 하고 봅니다. 진실을 주장하는 것이 아니라, 자신이 처한 불리한 상황을 모면하기 위한 '맹세'를 하는 것이죠.

하나님께 속한 사람은 굳이 맹세할 필요가 없습니다. 자기 행동과 말이 하나님께로부터 나온 것이니, 옳다 그르다 주장할 필요가 없기 때문입니다.

사람들이 거짓으로 맹세하는 이유는 마음 깊은 곳에 '두려움'이 있기 때문입니다. 무엇에 대한 두려움일까요? 자신이 잃을 것에 대한 두려움입니다. 베드로 또한 두려움으로 인해 도를 넘어 '맹세하고 또 부인하여' 주님을 모른다고 합니다. 그때 닭이 웁니다. 베드로는 '수탉이 울기 전에 네가 나를 세 번 부인할 것이다.'라고 하신 예수의 말씀이 생각났습니다. 그는 밖으로 나가서, 하염없이 흐느껴 울고 또 울었습니다"(마 26:74-75, 메시지). 눈물은 '정화작용'을 합니다. 눈에 들어간 이물질이 흐르는 눈물과 빠져나오는 것처럼, 우리 마음의 상처와 회한은 눈물과 함께 통곡하며 빠져나옵니다.

흔히 베드로의 배신과 유다의 배신을 비교합니다. 유다는 예수님을 배신하고 난 후, 자기 죗값을 스스로 치르려 합니다. 돈을 제사장의 뜰에 던지고는 밖에 나가 목을 매고 자살합니다. 끝까지 인생의 주인이 자기라고 주장하며, 자기 죗값은 자기가 치르겠다는 교만이죠. 그러나 베드로는 자신의 배신에 대하여 자기가 책임지려 하지 않습니다. 눈물을 흘리며 통곡합니다. '주님의 말씀이 생각나서' 통곡합니다. 어쩌면 축복의 사람은 마지막 순간에 주님의 말씀이 생각나는 사람, 그 말씀으로 인해 통곡하며 눈물을 흘리는 사람이 아닐까요?

밖으로 뛰어나와 울고 또 울었던 베드로의 연약함에서 우리는 그리스도의 사랑하심과 포기하지 않으심, 그리고 계속되는 하나님의 은혜를 봅니다. 통곡의 순간은 우리가 하나님의 은혜를 경험할 준비가 되었다는 뜻이 아닐까요? 사순절을 지나며 신앙에 실패하고 인생에 실패한 우리에게 주님이 말씀하십니다. "낙심하지 말라, 실망하지 말라, 더 이상 통곡하지 말라!"

▶ **학습 문제**

(1) 나의 열정은 예수님 안에 있습니까, 잘못된 방향으로 향하고 있습니까?

답 : 열정과 배신은 동전의 양면 같아서, 하나님 안에 있지 않은 잘못된 열정은 곧 예수님을 배신하도록 우리를 이끕니다.

(2) 평소 진실과 관계없이 '쉽게' 맹세하고 있지는 않습니까?

답 : 맹세는 진실에 대한 약속입니다. 진실과 상관없이 쉽게 '맹세의 언어'를 사용하고 있다면 내 안에 어떤 두려움이 있는지 돌아봐야 합니다.

기도
사랑의 하나님, 나의 연약함이 주님을 향한 열정의 발목을 잡지 않게 하소서. 나의 잘못된 열정과 두려움을 거두어주시고 끝까지 사랑하시는 주님을 바라보며 온전한 제자의 삶을 살게 하소서. 예수님의 이름으로 기도드렸습니다. 아멘.

중보기도
(1) 주님 안에서 올바른 열정으로 헌신하는 제자 되게 하소서.
(2) 주님 말씀을 듣고 깨달아 통곡하며 기도하는 한국 교회 되게 하소서.

▶ 만남의 준비
마태복음 27장 11~26절을 읽고 빌라도의 고민에 대해 깊이 묵상해 봅시다.

12. 빌라도의 고민, 비겁함, 그리고 허영심

성경 : 마태복음 27:11-26 (외울 말씀 24-26절)
찬송 : 273장(331), 303장(403)
주제 : 빌라도의 모습에서 알 수 있듯, 확신의 부재로 인한 비겁함과 다른 이들을 의식하는 허영심이 결단의 순간에 우리로 하여금 잘못된 선택을 하도록 이끕니다.

오늘 본문에서 빌라도는 일생일대의 중요한 결정을 내려야 하는 순간에 직면합니다. 그의 문제는 결단의 순간에 고민을 하고 있는 것입니다. 왜 고민할까요? 빌라도의 모습을 통해 이유를 두 가지로 생각해 보았습니다. 하나는 결단을 통해 감내해야 하는 책임과 고통을 모면하려는 '비겁함', 다른 하나는 결단의 책임을 모면하는 포장된 '허영심'입니다. 빌라도의 고민을 통해 우리는 이 두 가지를 극복해야 합니다.

1. 빌라도의 비겁함

"빌라도가 이르되 그러면 그리스도라 하는 예수를 내가 어떻게 하랴 그들이 다 이르되 십자가에 못 박혀야 하겠나이다"(마 27:22). 빌라도의 우유부단함은 '확신의 부재'에서 기인하는 것이 아닐까요? "그리스도라 하는 예수(Jesus who is called Christ),"라는 영어 성경의 표현에서 알 수 있듯 빌라도는 예수님이 죄가 없다는 것을 알고 있었지만 그리스도로 믿지는 않았습니다. 그의 귀에 들린 것은 예수가 그리스도라는 진실이 아닌 '사람들의 소리'였습니다. 예수님에게 죄가 없지만 유대 지도자들이 시기하여 그를 재판정에 데려왔음을 빌라도는 알고 있었습니다. 확신이 없는 사람에게는 진실보다 주변의 소리가 더 크게 들립니다. 빌라도가 나약한 사람도, 결정을 내리지 못하는 위치에 있는 사람도 아니었지만 그에게 확신이 없었기 때문에 진실을 앎에도 비겁한 모습을 보일 수밖에 없었습니다.

"빌라도가 아무 성과도 없이 도리어 민란이 나려는 것을 보고 물을 가져다가 무리 앞에서 손을 씻으며 이르되 이 사람의 피에 대하여 나는 무죄하니 너희가 당하라"(마 27:24). 본문 말씀처럼 빌라도는 처음부터 예수의 사건을 다룰 마음이 없었습니다. 예루살렘에 와 있던 갈릴리 지방의 영주 헤롯 안디바에게 예수를 떠넘기려 했습니다. 빌라도는 세 번이나 예수님의 무죄를 주장합니다. 그럼에도 불구하고 유대인들이 처형을 요구하자, 때려서 놓으라는 타협안을 제시하기도 하고 관례에 따라 유월절 특사로 풀어주고자 시도하기도 합니다. 결정적으로 아내의 말에 따라 예수 판결에 대해 상관하지 않으려고 무척이나 노력합니다. 그러나 그는 결국 예수님을 십자가에 못 박으라는 군중의 압력에 무기력하게 무릎을 꿇습니다. 어떻게 보면 정치적인 유익을 포기하지 못하고 진실을 외면한 것입니다. 마지막 순간, 빌라도는 자신의 권좌를 유지하기 위해 예수를 포기하기로 결심합니다.

2. 빌라도의 허영심

"빌라도가 아무 성과도 없이 도리어 민란이 나려는 것을 보고 물을 가져다가 무리 앞에서 손을 씻으며 이르되 이 사람의 피에 대하여 나는 무죄하니 너희가 당하라"(마 27:24) 말씀을 묵상하며 '허영심'이라는 단어가 떠오릅니다. 허영심은 세속적인 사람과 종교성이 강한 사람 모두 동일하게 나타나는 현상인 듯합니다. 허영심은 자신이 가진 것보다 더 인정받으려는 욕구가 아닐까요? 그 욕구를 충족하기 위해 진실을 감추거나 희생시키는 것이죠. 빌라도는 무리 앞에서 손을 씻으며 자신의 무죄를 주장합니다. 진실을 왜곡하는 것이죠. 그에게 결정의 책임이 있음을 모두가 알고 있습니다. 본인만이 그것을 피하고 싶을 뿐입니다.

 욕을 먹고 싶지 않은 것, 책임지고 싶지 않은 것은 자신의 결정에 대한 '사람들의 평가'가 중요함을 보여줍니다. 사순절을 지나며 생각해야 할 것은, 하나님을 알지 못하는 자들이 자기 유익을 위해 사람의 평가에 목을 매듯이, 우리 역시 종교적 허영심으로 인해 넘어질 수 있다는 것입니다.

 예수님은 산상수훈에서 '종교적 허영심'에 대해 말씀하십니다. 구제와 기도, 금식에 대한 말씀에서 우리는 그것의 '동기'가 무엇인지 깨달아야 합니다. 사람에게 보이기 위한 것인지, 하나님을 믿는 믿음의 행위인지에 따라 '허영심'의 여부가 결정됩니다. 예수님은 허영심에 대해 우리에게 물으십니다. "동기가 무엇이냐?" 빌라도가 사람들 앞에서 손을 씻은 동기가 무엇이냐고 묻고 있습니다. 아무리 감추려고 해도 드러나는 것이 동기입니다. 사람 앞에서도 그러할진대, 하나님 앞에서 우리의 동기는 더욱 선명하게 드러나지 않겠습니까?

▶ **학습 문제**

(1) 나는 '예수님이 그리스도'라는 진실에 대하여 확신을 가지고 있습니까?

　　답 : 예수님을 지식적으로만 아는 확신의 부재가 빌라도로 하여금 잘못된
　　　　답을 내리게 하는 비겁함으로 이어졌습니다.

(2) 나의 신앙생활의 동기는 사람들에게 보이기 위함입니까, 하나님을 믿기 때문입니까?

　답 : 결단의 순간에 잘못된 선택으로 이끄는 허영심은 잘못된 동기로 인한 것입니다.

❋ 기도

사랑의 하나님, 날마다 주를 그리스도로 고백하게 하소서. 결단의 순간에 주님을 저버리는 비겁한 자, 허영심이 가득한 자 되지 않게 하시고 온전히 믿음으로 끝까지 주님을 따르게 하소서. 예수님의 이름으로 기도드렸습니다. 아멘.

❋ 중보기도

(1) 인생에서 만나는 중요한 결단의 순간에 주님께 지혜를 구하게 하소서.
(2) 종교적 허영심에서 벗어나 겸손히 주님 앞에 나아가는 한국 교회 되게 하소서.

▶ 만남의 준비

마태복음 27장 32절을 읽고 구레네 시몬에 대해 깊이 묵상해 봅시다.

13. 당신도 구레네 시몬일 수 있다

성경 : 마태복음 27:32 (외울 말씀 32절)
찬송 : 461장(519), 339장(365)
주제 : 하나님 나라의 방법은 힘에 힘으로 대항하는 것이 아닌 순종하며 십자가를 지는 것입니다. 예수님은 그 십자가를 질 사람을 오늘도 찾고 계십니다.

1. 당신이 구레네 시몬일 수 있다

예수님의 수난 여정에 뜬금없이 등장하는 사람이 있습니다. 바로 구레네 사람 시몬입니다. "They met a man from Curene, named Simon …"(마 27:32, NIV) 'a man'은 특정되지 않은 사람입니다. 어쩌면 예수님이 십자가를 지시고 구원 사역을 이루기 위해 골고다를 향하는 길에 만났던 어떤 사람이 시몬인 것입니다. 그렇다면 그 사람이 우리 중 하나가 될 수도 있을 것입니다.

주짓수라는 무술을 들어보셨나요? 주짓수의 의미는 '양도하는 방법'이라고 합니다. 상대방이 공격하면 대항하는 대신 무기를 쓰지 않고 싸우지 않으면서 피하는 방법의 기술입니다. 이종격투기에서 가장 효과적인 무술이 바로 싸우지 않고 피하는 방법이라는 것입니다.

우리는 흔히 십자가 행렬을 구경하던 시몬이 재수 없이 걸려서 십자가를 졌다고 합니다. 창 든 로마 병정들 때문에 어쩔 수 없이 십자가를 졌다는 것이죠. 그러나 십자가를 지는 것은 싸움의 기술은 아니라는 것이 분명합니다. 십자가는 나에게 무력을 쓰고 힘을 가하는 자에게 반항하며 대항하는 것이 아닙니다. 십자가의 주인공은 예수님이지만 그 십자가를 연결하는 길목에 구레네 사람 시몬이 있었습니다. 구원 사역을 이루시는 분은 하나님이시지만, 그 사역의 길목에서 특정되지 않은 사람('a man')을 만나기 원하십니다. 골고다의 길목에서 구레네 사람 시몬이 십자가를 졌다는 것, 그리고 그 십자가를 통해 구원 사역을 이루셨다는 것이 사실입니다. 하나님의 뜻을 이루는 방법은 세상과 같지 않다는 것, 십자가를 통해 구원 사역을 이루는 것 역시 세상과 다름을 구레네 사람 시몬을 통해 보여주십니다. 3년을 따라다녔던 제자들조차 이해하지 못했던 구원의 방법은 바로 '십자가'였습니다. 그리고 그 십자가의 방법에 'a man'을 부르고 계십니다. 제자들도 도망가 버린 그 길에서 예수님은 누군가를 찾고 계십니다.

2. 순종을 생각한다

구레네 사람 시몬 하면 '억지로 진 십자가'의 주인공입니다. 어쩌면 이런 시몬의 모습이 바로 우리 모습인 듯합니다. 가만히 생각해보면 우리가 졌던 십자가, 지금도 무겁게 걸려 있는 십자가가 자원해서라기보다는 억지로 지워진 것이 아닌가요? 십자가를 지는 일, 즉 순종은 쉽지 않습니다. 순종하기 위해서는 우리가 하고 싶은 것을 내려놓아야 하기 때문입니다.

십자가란 그런 것이 아닐까요? 억지로 졌다고 생각하지만 돌아보니 사실 그것이 내 십자가였던 것이죠. 십자가는 참 순종하기 힘들지만, 순종하지 않으면 결코 질 수 없습니다. 그리고 순종하는 순간 왜 그 십자가를 지라고 하셨는지 비로소 깨닫게 됩니다. 이것이 십자가의 신비입니다. 구레네 사람 시몬의 십자가가, 바로 우리에게 주어진 십자가입니다. 십자가는 거대한 사명을 의미하는 것이 아닙니다. 지금 우리 앞에서 부르시는 음성이고, 지금 내가 가고 있는 길에서 만나는 것입니다. 유명한 마카리우스의 이야기로 말씀을 마무리합니다.

마카리우스가 꿈을 꾸었는데 주님이 힘겹게 십자가를 지고 계셨습니다. 그는 주님께 달려가 십자가를 대신 지겠노라고 말씀드렸습니다. 하지만 놀랍게도 주님은 그가 안중에도 없다는 듯이 묵묵히 걸어가실 따름이었습니다. 그는 주님께 간청했습니다. "주님, 제발 십자가를 저에게 넘기십시오." 그러나 주님은 모른 체 하시며 묵묵히 걷기만 하셨습니다. 마카리우스는 당혹스러웠지만 끈기 있게 주님께 애원했습니다. 이윽고 주님이 십자가를 양어깨에 맨 채 멈추시더니 다정하게 말씀하셨습니다. "아들아, 이것은 내 십자가란다. 네가 조금 전에 내려놓은 네 십자가는 저기 있지 않느냐? 내 십자가를 져 주려고 하기 전에 네 십자가부터 져 나르려무나." 주님께서 가리키신 지점으로 달려가 보니 그의 십자가가 모랫바닥에 나뒹그러져 있었습니다. 그는 얼른 십자가를 걸머지고 주님이 기다리시는 곳으로 되돌아왔습니다. 놀랍게도 주님의 어깨에 걸려 있던 십자가가 사라졌습니다. "주님의 십자가는 어디로 간 것입니까?" 마카리우스가 물으니 주님이 빙긋 웃으며 대답하셨습니다. "아들아, 네가 사랑으로 네 십자가를 질 때는 내 십자가를 지는 것이나 진배없단다."

▶ **학습 문제**

(1) 나는 세상의 싸움의 기술을 사용하고 있습니까, 하늘나라의 싸움 기술을 사용하고 있습니까?

답 : 세상은 힘에는 힘으로 맞서 싸우라고 하지만 하늘나라의 싸움 기술은 십자가에 달리신 예수님과 같이 싸움을 피하며 십자가를 지는 것입니다.
(2) 나는 주님이 내게 주신 십자가를 성실히 지고 있습니까?
답 : 억지로 졌다고 해도, 자발적으로 졌다고 해도 주님이 부르시는 음성을 따라 내가 가는 길에서 만나는 십자가가 바로 내 십자가입니다.

기도
사랑의 하나님, 십자가를 지고 가신 주님을 기억합니다. 세상의 방법대로 힘으로 맞서는 것이 아니라 사랑으로 십자가를 지는 주님의 제자가 되게 하소서. 예수님의 이름으로 기도드렸습니다. 아멘.

중보기도
(1) 세상의 비난과 조롱에도 하늘나라의 싸움 기술로 대응하는 한국 교회 되게 하소서.
(2) 누구에게나 있는 십자가가 나에게도 있음을 기억하며 순종하게 하소서.

▶ 만남의 준비
마태복음 27장 54절, 28장 1~10절을 읽고 부활에 대해 깊이 묵상해 봅시다.

14. 십자가 아래서 부활의 증인이 되다

> 성경 : 마태복음 27:54, 28:1-10 (외울 말씀 54절)
> 찬송 : 501장(255), 160장(150)
> 주제 : 십자가 현장에 있었던 사람들은, 예수님을 핍박했으나 십자가를 통해 구원받았거나 예수님의 고통에 참예하여 결국 부활의 기쁨을 함께 누린 사람들입니다.

오늘 말씀은 십자가에서 죽으신 예수님의 무덤을 지키고 있던 자들에게 일어난 놀라운 만남의 사건입니다. 주님의 부활을 제일 먼저 목격한 사람들은 십자가 고난의 현장과 무덤에 있던 사람들이었습니다. 사복음서에 보면 십자가의 현장에 있던 사람들, '십자가 주변의 사람들'에 대한 이야기가 나옵니다.

1. 로마 군인들

십자가 아래에는 예수님을 죽이는데 악역을 담당했던 로마 군인들이 있었습니다. 이들에게도 이 일은 힘들었을 것입니다. 사람을 죽이는 일에 흔쾌히 나설 사람이 누가 있겠습니까? 그러나 그 자리에 있었던 로마 군인들로 인해 "내 겉옷을 나누며 속옷을 제비 뽑나이다"(시 22:18)라는 말씀이 이루어지기도 했습니다. 예수님의 죽음을 확인하기 위해 잔인하게 창으로 찌르고, 3일 동안 예수님의 무덤을 지키고 있었던 그들을 통해 예수님이 '하나님의 아들'임이 고백 되었습니다. 우리는 예수님을 핍박하다가 변화 받아 쓰임 받는 사람들의 모습을 성경 안에서 볼 수 있습니다. 왜 그런 일이 일어날까요? 예수님은 핍박하고 조롱하는 바로 그들을 위해 십자가를 지셨기 때문입니다.

2. 여인들

또 십자가 주변에는 예수님의 어머니 마리아와 이모, 글로바의 아내 마리아와 막달라 마리아와 같은 '여인들'이 있었습니다. 이들은 예수님 부활 이후 결정적인 역할을 했던 사람들입니다. 제자들은 다 도망갔어도 이 여인들은 십자가의 길을 같이 걸었고, 십자가 아래서 애통해했고, 예수님의 무덤에 찾아와 결국 부활을 목격했습니다. "천사가 여자들에게 말하여 이르되 너희는 무서워하지 말라 십자가에 못 박히신 예수를 너희가 찾는 줄을 내가 아노라"(마 28:5). 주님의 고난에 동참하는 자들은 복됩니다. 왜냐하면 그들이 가장 확실한 부활의 증인이 될 것이기 때문입니다. 가장 먼저 부활의 영광에 참여하게 될 것이기 때문입니다. 십자가의 자리를 지켰던 사람들은 진정으로 주님을 사랑하고 아꼈던 사람들이었습니다. 주님을 만나 그분의 사랑을 받고 인생이 변화되는 경험이 있었기 때문입니다. 변화의 감격을 지니고 십자가의 고통을 함께한 사람들에게는 부활의 영광이 있습니다.

"그 여자들이 무서움과 큰 기쁨으로 빨리 무덤을 떠나 제자들에게 알리려고 달음질할새 예수께서 그들을 만나 이르시되 평안하냐 하시거늘 여자들이 나아가 그 발을 붙잡고 경배하니 이에 예수께서 이르시되 무서워하지 말라. 가서 내 형제들에게 갈릴리로 가라 하라 거기서 나를 보리라 하시니라"(마 28:8-10). 부활하신 예수님께서 무덤으로 향하던 여인들의 발걸음을 갈릴리로 가게 하셨습니다. 죽음을 확인하기 위해 오던 이들이 부활의 소식을 전하도록 하셨습니다. 부활의 소식을 전하러 가는 여인들에게 예수님께서 나타나셔서 말씀하셨습니다. '평안하냐?' 그리고 제자들을 만나주시겠다는 기쁜 소식을 전하라고 말씀하십니다. 발걸음을 돌이키는 것으로 끝나는 것이 아니라 인생이 바뀌었습니다. 두려움이 평안으로, 슬픔이 기쁨으로, 실망이 소망으로 바뀌었습니다.

  부활하신 주님을 만나는 것은 우리 삶에서 각기 다른 체험 가운데 일어납니다. 그러나 그 체험이 어떠하든지 삶의 방향을 바꾸어 놓고 그리스도와 친밀한 관계 가운데서 새로운 삶을 살아가게 합니다. 부활의 주님이 우리에게 묻고 계십니다. 부활의 주님을 만나 돌이킨 인생이 어떻게 바뀌었냐고 말입니다.

▶ 학습 문제

(1) **주변에 예수님을 조롱하며 신앙을 핍박하는 이가 있습니까?**
    답 : 예수님은 자신을 조롱하고 핍박하는 이들을 위해 십자가를 지셨고 그들을 변화시키셨습니다.

(2) **나는 부활하신 주님을 만났습니까?**
    답 : 부활하신 주님을 만나는 체험으로 인해 삶이 바뀌고, 두려움이 평안으로, 슬픔이 기쁨으로, 실망이 소망으로 바뀝니다.

✾ 기도

우리를 위해 십자가에 달리신 주님을 기억합니다. 주님의 십자가 고통을 함께 하여 부활의 주님을 만나는 기쁨을 누리기 원합니다. 부활하신 주님을 만나 삶이 변화되고 기쁨이 넘치게 하소서. 예수님의 이름으로 기도드렸습니다. 아멘.

🌿 중보기도
(1) 예수를 믿지 않고 도리어 핍박하는 이웃과 가족이 속히 부활하신 주님을 만나게 하소서.
(2) 주님의 고통에 함께함으로 부활의 기쁨을 누리는 성도 되게 하소서.

▶ 만남의 준비
요한복음 3장 14~16절을 읽고 십자가의 사랑에 대해 깊이 묵상해 봅시다.

15. 십자가로 족하다

> 성경 : 요한복음 3:14-16 (외울 말씀 16절)
> 찬송 : 286장(183), 494장(188)
> 주제 : 구원과 믿음을 위해 우리가 무엇을 할 필요가 없습니다. 주님께서 우리를 구원하시기 위해 달리신 십자가로, 십자가 위에서 보여주신 그 사랑으로 족합니다.

1. 십자가로 족하다!

맥스 루케이도는 『내 생애의 최고의 축복 3:16』라는 책에서 부활은 출산과 공통점이 있다고 말합니다. 아기가 태어날 때 모든 수고를 엄마에게 맡기는 것처럼, 수고는 하나님께서 하시고 우리는 믿기만 하면 된다는 것이죠. 이것이 부활의 특징입니다. 사실 요한복음 3장에서 예수님을 찾아와 고민하던 니고데모의 문제는 "뭔가 더 있을 텐데"라는 것이었습니다. "믿는 자마다 영생을 얻는 것 말고 내가 좀 할 일이 없을까요? 하나님을 만족시킬 만한 뭐가 좀 있지 않을까요?" 그런데 하나님은 우리가 하나님을 만족시킬 수 있는 어떤 행위보다 그저 우리를 향한 하나님의 마음을 알고 이해하고 믿기를 원하십니다.

영국의 한 부흥사가 천막 전도 집회를 끝내고 텐트를 거두고 있었습니다. 그때 어떤 청년이 다가와서 "목사님! 제가 구원받으려면 무슨 일을 해야 하나요?"라고 물었습니다. 부흥사는 이렇게 대답을 했습니다. "여보게 젊은이! 너무 늦었네. 이미 늦었다니까." 청년은 당황스럽고 너무나 간절한 마음에 다시 물었습니다. "집회에 너무 늦게 온 것은 저도 잘 알고 있습니다. 그래서 늦었다는 말씀인가요?" 그때 부흥사가 웃으면서 대답했습니다. "그게 아닐세. 자넨 구원받고 싶으면 뭔가를 해야겠다고 생각하고 있지만 이미 수천 년 전 구원의 역사는 십자가상에서 완성되었네. 지금 자네가 구원받기 위해 할 일이라고는 하나도 없네. 다만 무릎 꿇고 그리스도께서 자네를 위해 행하신 일을 받아들이기만 하면 된다네." 부흥사의 말에 청년은 구원의 확신을 갖게 되었다고 합니다. 구원이란, 하나님께서 하신 일에 대하여 우리가 믿는 것입니다. 주님께서 십자가 위에서 이미 모든 대가를 다 치르셨기 때문입니다. 그러니 십자가로 족합니다.

2. 사랑이면 족하다!

십자가의 사건이 하나님의 사랑을 가장 명확하게 증명한다는 것을 우리는 압니다. 하나님이 세상을 이처럼 사랑하신 일이 바로 나를 향한 것이라는 것도 압니다. 앎에도 불구하고 우리에게 오늘 부활의 사건이 다시 반복되고 회복되어야 합니다. 왜냐하면 그 사랑에 감격했지만 곧 잊어버리고 옛 모습으로 돌아가는 우리의 굳은 모습 때문입니다. '굳은 마음'은 우리 신앙의 가장 무서운 적입니다. 하나님의 사랑을 잃어버린 굳은 마음이 우리의 신앙에서 작동하는 순간 '감동'은 사라지고 '노력'이 작동하기 때문입니다. 아무리 해도 갚을 수 없는 십자가의 사랑을 우리의 노력으로 갚으려고 하니 힘들 수밖에 없습니다. 하나님은 여전히 "십자가로 족하다!"라고 말씀하십니다. 정말 우리가 하나님을 믿고, 하나님의 사랑을 확증하고 있다면 그 사랑을 믿고 기도하는 순간 이미 하나님의 임재 가운데 거하는 것이요, 우리를 향한 하나님의 사랑을 누리고 있는 것입니다.

　요한복음 21장에서 주님을 잊어버리고 옛 생활로 돌아가 고기를 잡고 있던 제자들에게 찾아오신 예수님은 "너희들이 나를 위해 무엇을 할 수 있겠니?"라고 묻지 않으시고 "네가 나를 사랑하느냐?"라고 물으십니다. 과거를 질책하신 것이 아니라 "지금 네가 나를 사랑하느냐"고 물으신 것입니다. 자꾸 하나님을 감동시키려고 노력하지 말고 하나님의 사랑에 먼저 감동해야 합니다. 지금도 하나님은 우리를 향해 이렇게 말씀하십니다. "내가 너를 사랑하잖아!" 부활하신 주님이 제자들에게 나타나셔서 처음으로 하고 싶으셨던 말씀이 바로 그것 아닙니까? "내가 너를 사랑하는데 너도 나를 사랑하니?"

　사도 바울은 이렇게 말합니다. "그러나 내게는 우리 주 예수 그리스도의 십자가 외에 결코 자랑할 것이 없으니 그리스도로 말미암아 세상이 나를 대하여 십자가에 못 박히고 내가 또한 세상을 대하여 그러하니라"(갈 6:14). 십자가로 족한 그 사랑 때문에, 내가 세상에서 즐기던 모든 것을 십자가에 못 박아 죽일 수 있습니다. 어떤 것도 십자가의 사랑을 대신할 수 없기 때문입니다. 하나도 억울한 것이 없습니다. 세상이 나를 버렸지만, 오히려 내가 세상을 버릴 수 있습니다. 왜냐하면 그 십자가로 인해 모든 사망 권세를 이겼기 때문입니다. 그래서 십자가는 모든 것을 이긴 승리의 상징입니다. 그래서 우리는 '십자가의 사랑'을 자랑하지 않고는 견딜 수 없는 사람들입니다. 십자가의 사랑이 아니었으면 결코 이길 수 없고, 견딜 수 없었던 삶의 승리를 자랑하는 것입니다.

▶ 학습 문제

(1) 나는 지금 구원받기 위하여, 하나님을 만족시켜드리기 위하여 노력하고

있습니까?

　답 : 하나님께서는 우리가 하나님을 만족시키기 위해 노력하기보다, 우리를 구원하기 위하여 십자가에 달리신 사랑과 은혜를 기억하고 믿기를 원하십니다.

(2) 나는 지금 '십자가 사랑'에 감동하고 있습니까?

　답 : 믿음은 하나님을 감동시키는 것이 아니라 하나님이 보이신 십자가 사랑에 우리가 감동하는 것입니다.

기도

사랑의 하나님. 죄인인 나를 위해 십자가에 달려 보여주신 사랑에 감사합니다. 주님을 만족시켜드리기 위해 노력하는 것이 아니라 주님 주신 사랑에 감동하며 주님만으로 만족하게 하소서. 예수님의 이름으로 기도드립니다. 아멘.

중보기도

(1) 교회의 모든 일꾼이 자기 힘이 아닌 주님 주시는 힘과 사랑으로 사역을 감당하게 하소서.

(2) 오늘 나를 구원하신 주님의 십자가로 족함을 고백하는 성도 되게 하소서.

▶ 만남의 준비

갈라디아서 2장 20절을 읽고 부활의 삶에 대해 깊이 묵상해 봅시다.

16. 산다는 것

성경 : 갈라디아서 2:20 (외울 말씀 20절)
찬송 : 289장(208), 304장(404)
주제 : 부활의 삶은 내 안에 사시는 그리스도를 믿음으로 체험하는 삶, 성령의 인도하심을 따르는 삶, 생명력 있는 삶입니다.

1. 내 안에 그리스도께서 산다는 것

본문 말씀은 이해하기 힘듭니다. 내 안에 어떻게 그리스도께서 사실 수 있을까요? 마치 요한복음 3장에서 니고데모라고 하는 사람이 예수님께 와서 대화했던 내용처럼 말입니다. "네가 물과 성령으로 거듭나지 않고는 하늘나라에 갈 수 없느니라"고 하셨을 때, 니고데모는 "어떻게 한 번 난 사람이 다시 어머니의 배 속에 들어갈 수 있습니까?"라고 되물었습니다. 그때 주님은 말씀하십니다. "육으로 난 것은 육이요 영으로 난 것은 영이니 내가 네게 거듭나야 하겠다 하는 말을 놀랍게 여기지 말라. 바람이 임의로 불매 네가 그 소리는 들어도 어디서 와서 어디로 가는지 알지 못하나니 성령으로 난 사람도 다 그러하니라"(요 3:6-8) 그리스도와 함께 죽어 본 자만이, 내 안에 그리스도께서 사신다는 것을 이해합니다. 육으로 이해가 되는 것이 아니라, 영으로만이 이해가 되는 것입니다.

우리가 착각하는 것 중 하나는 우리가 생각했던 것이 이루어지고 이해될 때 하나님이 응답하셨으며 진짜 계시다고 믿는 것이지요. 그러나 믿음은 우리의 영역을 뛰어넘는 것입니다. 사실 우리의 신앙이 이성으로 다 해석된다면, 우리가 믿을 가치가 있을까요? 우리 머릿속에서 다 이해되는 하나님이라면, 믿을 가치가 있을까요? 우리의 머리로는 이해될 수 없는 분이기에 위대하신 분이요, 우리의 예측과 상식으로 수용할 수 없는 분이기에, 믿음이 아니고는 가까이할 수 없는 분이시지요.

부활의 원리는 바로 믿음과 체험입니다. 바울의 고백처럼 그리스도와 함께 죽은 자만이, 육체적인 죽음이 아님에도 불구하고 내가 죽었다고 고백하며 이것을 체험한 자만이, 내가 이제 살아도 내가 사는 것이 아니라, 내 안에 계신 그리스도께서 사신 것이라고 고백할 수 있는 것입니다. 우리가 그리스도 안에 산다는 원리를 다 이해하지는 못한다 할지라도, 주님께서 공생애를 사시면서 제자들과 함께 계실 때 주셨던 말씀이 있습니다. 당시에 제자들은 이해하지 못했지만, 예수님께서 부활하신 이후 성령을 체험하며 깨닫게 된 내용입니다. "내가 아직 너희와 함께 있어서 이 말을 너희에게 하였거니와 보혜사 곧 아버지께서 내 이름으로 보내실 성령 그가 너희에게 모든 것을 가르치고 내가 너희에게 말한 모든 것을 생각나게 하리라"(요 14:25-26). 부활의 삶을 산다는 것은 바로 보혜사 성령의 인도하심을 따라 사는 것입니다.

2. 생명력 있는 삶을 산다는 것

굳은 땅을 헤치고 나오는 새싹들, 두꺼운 얼음 아래 사는 물고기들, 추운 겨울 동면하고 깨어나는 생물들을 보면 참 놀랍습니다. 이것이 생명력입니다. 생명은 외부의 어떤 것으로 막을 수 없습니다. 누군가 우리 마음을 아프게 한다 할지라도, 누군가 우리 앞길을 가로막고 방해한다 할지라도 그것이 나의 생명력을 가로막을 수는 없습니다. 부활의 능력이, 성령이 능력이 바로 '생명력'입니다. 그러므로 부활의 삶을 사는 사람에게는 이 생명의 능력이 나타납니다. 외부 환경에 지배받지 않습니다. 환경을 뚫고 이길 수 있는 것이 능력입니다.

생명력 있는 삶을 산다는 것은, 영어로 말을 하면 "Upside Down Kingdom"이라고 말할 수 있습니다. 가치가 전도된 삶입니다. 하나님이 요구하시는 부활의 삶이란, 구별이지 단절은 결단코 아닙니다.

혹시 여러분은 이런 말을 듣고 살지 않습니까? "저 사람은 참 좋아, 어쩌면 교회를 다니는 사람이 우리와 똑같아? 똑같이 잘 놀고 말이야, 잘 어울리잖아." 이 말을 듣는 사람은 생명력을 상실한 사람입니다. 구별되지 않는 사람은 이미 그리스도인이 아닙니다. 그 안에 부활의 생명이 없습니다. 죽은 신앙입니다. 아직 그 안에 십자가의 죽음을 경험하지 못했으므로, 정욕을 제거하지 못했으므로 욕망이 이글거리는 삶을 사는 것입니다.

부활의 생명력이 넘치는 삶을 산다는 것은, 가치가 뒤집어진 하나님 나라의 원리가 작용하는 것입니다. 세상에 살고 있으나, 세상의 가치와는 다른, 구별된 가치를 가지고 사는 사람 말입니다. 세상은 죽음이 끝이라고 합니다. 그래서 죽음에서 자유롭지 못합니다. 그러나 부활의 생명력이 있는 삶에는 죽음을 이기는 생명력이 넘칩니다. 이러한 사람은 세상이 감당치 못하는 사람입니다.

▶ 학습 문제

(1) 주님이 내 안에 사신다는 사실을 믿음으로 체험하고 있습니까?

    답 : 주님과 함께 죽고 그것을 고백하는 사람이 내 안에 그리스도께서 살고 계심을 체험하며 고백할 수 있습니다.

(2) 나는 삶 속에서 생명력 있게 세상과 구별되고 있습니까?
　　답 : 부활의 생명을 품고 사는 사람은 십자가의 죽음을 경험하여 세상과 구별되어 살아갑니다.

❋ 기도
사랑의 하나님, 주님의 십자가 사랑으로 인해 이제는 내가 죽고 오직 내 안에 주님만 사심을 고백합니다. 내 안에 살아계신 성령으로 인해 생명력 있게 구별된 성도의 삶을 살게 하소서. 예수님의 이름으로 기도드립니다. 아멘.

❋ 중보기도
(1) 세상에서 단절되는 것이 아니라 구별된 삶을 사는 성도 되게 하소서.
(2) 그리스도의 생명력이 흘러가는 교회와 구역 되게 하소서.

▶ 만남의 준비
고린도전서 15장 1~11절을 읽고 좋은 믿음에 대해 묵상해 봅시다.

17. 믿음이 좋다는 것

> 성경 : 고린도전서 15:1-11 (외울 말씀 10절)
> 찬송 : 436장(493), 433장(490)
> 주제 : 믿음이 좋은 사람은 자신을 십자가에 못 박는 사람이며, 부활의 주님을 통해 새로운 관계 속으로 들어가 삶을 통해 부활을 증명하는 사람입니다.

'믿음이 좋다'는 말의 기준이 무엇일까요? 세상에서 핍박을 받아야 신앙생활을 잘하는 것인지, 아니면 세상 사람들과 잘 지내야 신앙생활을 잘하는 것인지, 과연 그 기준이 무엇일까요? 이런 신앙의 문제는 핵심적인 신앙고백인 '부활'과 밀접한 관계가 있습니다. '부활 신앙'이야말로 우리에게 가장 근본적인 믿음의 의미를 묻기 때문입니다. 오늘 본문은 바울이 전하는 복음의 핵심이요, 기독교 신앙의 진수가 들어있는 부분입니다. "그리스도께서 만일 다시 살아나지 못하셨으면 우리가 전파하는 것도 헛것이요 또 너희 믿음도 헛것이며"(고전 15:14). 무슨 뜻입니까? 오늘 본문에서 이야기하는 믿음의 본질이 거짓이라면, 그의 가르침도 헛것이며 이를 듣고 믿은 우리는 불쌍한 사람이라는 말입니다. 다시 말하면 우리가 믿는 부활 신앙이야말로 가장 확실하게 믿음이 무엇인지, 기독교인 됨이 무엇인지 알려준다는 것입니다.

1. 십자가의 도 : 참다운 경건

'믿음이 좋다'는 말의 표징이 혹시 경건은 아닐까요? 경건이란, 사전적인 의미로는 "공경하는 마음으로 삼가고 조심함"입니다. 신앙적 의미로 쓰일 때는 "하나님을 두려워하는 것" 혹은 "하나님께 헌신적인"이라는 의미를 가지고 있지요. 사도 바울이 디모데에게 진심으로 권면했던 것 중 하나도 바로 경건생활이었습니다. "망령되고 허탄한 신화를 버리고 경건에 이르도록 네 자신을 연단하라"(딤전 4:7) 경건생활이란 연습을 통해 점점 자라납니다. 이 연습은 하나님을 두려워하기 때문인지, 사람에게 보이기 위함인지 목적을 구별하는 데 있습니다. 참다운 경건을 위해서는 바로 십자가의 피와 능력이 필요합니다. 참다운 경건은 자신을 십자가에 못 박지 않고는 나타나지 않는 것이기 때문입니다.

부활의 주님을 믿음에도 왜 우리 삶에 크리스천의 영향력이 나타나지 않고, 마음에는 평안이 없을까요? 부활의 기쁨을 온전히 누리지 못할까요? 간단합니다. 아직 내가 십자가에 죽지 않고 살아있기 때문입니다. 십자가의 도가 나에게서 일어나지 않는 한 우리는 부활의 삶을 살지 못합니다. 죽지 아니한 자에게는 부활이 있을 수 없습니다.

2. 부활 : 전혀 새로운 관계

예수님은 부활하신 후 제자들에게 나타나 이렇게 말씀하셨습니다. "너희에게 평강이 있을지어다!" 실의에 빠져 옛 생활로 돌아가 있던 제자들에게 나타나서서 "네가 나를 사랑하느냐?"라고 물으시며 친구가 되기를 원하셨습니다. 제자들에게는 무척 당황스러운 일이었습니다. 모든 것이 끝났다고 생각했는데, 소망이 없다고 생각했는데, 주님이 다시 오셔서 손을 내밀어주셨기 때문입니다. 부활을 통해 예수님과 새로운 관계 속으로 들어간 것입니다.

　부활의 능력이란 예수님 때문에 나의 삶에서 일어나는 관계의 변화가 아니겠습니까? 부활의 주님을 믿으면서도 관계가 경험되지 않는다면 당신 삶에는 '은혜'가 없을 것입니다. 관계의 변화를 경험하지 못 한 사람은 아무리 믿음 좋은 척해도 믿음이 없는 사람일 것입니다. 이것이 부활을 묵상하는 우리에게 도전이 됩니다. 부활의 주님은 우리에게 새로운 관계를 만들어주시는 분입니다.

　그리고 새로운 관계는 우리 삶에서 새로운 성품을 만들어갑니다. 이는 믿음의 유무를 알아보는 중요한 척도입니다. 혹시 과일나무를 심고 과일이 열리기를 기다려 본 적이 있습니까? 만일 누군가 밤에 몰래 과일을 매달아 놓았다고 해도 여러분은 그것이 가짜인 것을 금방 알아챌 수 있습니다. 왜냐하면 과일은 하룻밤 사이에 열리는 것이 아니라 매일 조금씩 자라는 것이기 때문입니다. 믿음도 이와 같습니다. 조금씩 자라나는 것입니다. 더 많이 인내하고 더 많이 기뻐하고 더 많이 절제하고 더 많이 친절해야 자라는 것입니다. 믿음은 우리의 성품을 통해 나타납니다. 믿음은 감정이 아닌 생활입니다.

　부활을 맞이하는 사람의 참다운 기쁨이란 결국 삶을 통하여 증명됩니다. 모든 관계가 회복되고 함께 손을 잡고 회복된 사람들이 즐거움을 누리는 것이야말로 진정한 부활 신앙의 모습입니다.

▶ 학습 문제

(1) 나의 경건 생활의 목적은 무엇입니까?

　　답 : 참다운 경건은 십자가에서 자신을 못 박지 않고는 이루어질 수 없습니다. 십자가에서 자신을 못 박은 사람은 하나님을 두려워하기에 경건 생활에 힘씁니다.

(2) 부활의 능력을 체험한 사람에게 새로운 관계가 시작될 수 있음을 믿습니까?

　답 : 새로운 관계는 은혜를 알기에 일어나는 변화입니다. 이 새로운 관계야말로 믿음의 척도가 됩니다.

❋ 기도

사랑의 하나님, 십자가 앞에 내가 죽고 오직 부활하신 주님을 따라 살게 하소서. 주님 주시는 새로운 관계로 들어가 큰 기쁨 누리게 하소서. 예수님의 이름으로 기도드렸습니다. 아멘.

❋ 중보기도

(1) 나의 자아를 부수고 온전히 십자가의 도를 따르는 성도 되게 하소서.
(2) 부활의 주님과의 관계에서 기쁨을 얻고 그 기쁨을 이웃에게 전하는 성도 되게 하소서.

▶ 만남의 준비

잠언 4장 1~9절을 읽고 후대의 믿음에 대해 깊이 묵상해 봅시다.

PART 03
옥성석 목사 편

5월 _ 예수로 하나되는 가정의 달

18. 나, 아버지의 아들이었노라 (잠 4:1-9)
19. 까까머리 삼손 (삿 13:24-25)
20. 가장(家長) 엘리멜렉 (룻 1:1-5)
21. 축복의 통로를 아는가? (룻 4:13-17)

6월 _ 성령의 열매를 점검하는 달

22. 왕위(王位)보다 더 중요한 것 (삼상 18:1-4)
23. 캄캄한 굴속에 펼쳐진 보화 (삼상 24:1-4)
24. 나의 생은 얼마나 남았을까
    (삼상 25:1, 36-38)
25. 때가 되니 王이 되더라 (삼하 2:1-7)
26. 긍휼의 힘 (삼하 8:13-14)

18. 나, 아버지의 아들이었노라

성경 : 잠언 4:1-9 (외울 말씀 1절)
찬송 : 559장(305), 563장(411)
주제 : 신앙의 위기를 극복하는 방법은 부모의 신앙 계승에 있습니다.

코로나19로 인한 사회적 거리두기에 교회는 선제적, 자발적으로 참여하였습니다. 공동체 예배까지 온라인예배로 대체했습니다. 이 같은 사태를 통하여 하나님은 교회에, 그리고 우리에게 어떤 교훈을 주시려는 것일까요? 분명한 것 하나는 코로나 사태 이후를 준비하지 않으면 교회가 큰 위기에 직면할 것이라는 점입니다. 그러면 우리는 무엇을 준비하고, 재정비해야 할까요?

1. 위기 속에 한국 교회의 자세

첫째로, 삶의 예배를 심각히 고려해야 합니다. 150여 년의 짧은 선교 역사를 지녔지만, 한국 교회 부흥의 핵심은 '예배'였습니다. 주일예배를 포함, 한 주일에 10회 이상 예배를 드렸을 뿐 아니라 갖가지의 대형 집회, 부흥회, 기도회가 기획되었습니다. 이렇게 모이는 예배를 중요하게 생각하다보니 보이는 건물, 모이는 공간이 교회가 되어버리고 말았습니다. 하지만 이제는 아닙니다. 각자의 삶의 현장에서, 삶의 예배를 어떻게 드려야 하는지 가르쳐야 합니다. 그 방법을 교회가 알려줘야 합니다(롬 12:1).

둘째로, 흩어지는 교회를 심각히 고려해야 합니다. 초대교회 당시 받은 말씀을 지키기 위하여 1,000만 명이 순교했습니다. 종교개혁 당시에는 어림잡아 8,700만 명이 순교했습니다. 역사학자 아놀드 토인비는 인류사에 가장 밝은 빛을 비춘 자들은 순교자들이라고 말한 바 있습니다. 삶의 현장에서 빛과 소금이 무엇인지를 고민해야 합니다. 흩어지는 교회의 핵심은 공감입니다. 이제는 나 중심의 신앙, 가족, 안위만을 생각하던 신앙에서 다른 사람들을 돌보는 교회, 믿음의 소유자들이 되어야 합니다(골 3:12-14).

셋째로, 우리가 심각히 고려해야 할 것이 무엇입니까? 저는 아버지에 대해 또렷이 떠오르는 것이 하나 있습니다. 아버지는 농부이면서 목수셨습니다. 주중에는 먼 곳에서 집 짓는 일을 하시고, 토요일 늦은 시간에 집에 돌아오십니다. 그러면 호롱불 아래 상을 펴놓고 노트에 주일 설교원고를 써 내려가셨습니다. 작은 시골교회였기에 서리집사가 주일예배를 인도하기 위해 설교원고를 작성하시는 것입니다. 노트로 빽빽하게 앞뒤로 7페이지 정도 분량으로 준비하셨습니다. 어떤 때는 밤을 꼬박 새우기까지 하셨습니다. 난, 어렸을 때 그 아버지 설교란 젖을 먹고 자랐습니다.

2. 나는 어떤 부모인가?

오늘 본문에서 솔로몬은 부모를 떠올리고 있습니다. "나도 내 아버지에게 아들이었으며 내 어머니 보기에 유약한 외아들이었노라"(잠 4:3). 여기 '유약한'이란 단어는 '라크'란 단어인데 유약하다, 부드럽다는 뜻도 되지만, 무척 어리다는 뜻도 있습니다. 솔로몬은 자신이 아주 어렸을 때의 아버지와 어머니를 회상합니다(잠 4:4-9).

아버지는 어떤 분이었다고 회상합니까? 아버지가 아들에게 가르친 것이 무엇입니까? 오직 하나, 지혜였습니다. "지혜를 버리지 말아라. 지혜를 사랑하라. 지혜가 제일이다. 지혜를 높이라." 여기에서 아버지 다윗이 강조하는 지혜는 무엇일까요? 이 지혜는 하나의 인격이며, 하나님의 지혜입니다. 더 나아가 말씀, 곧 오실 메시야 예수 그리스도를 뜻합니다. 그래서 지혜를 의인화하고 있는 것입니다(잠 4:8-9).

이 지혜를 어렸을 때만 강조했습니까? 임종 직전의 다윗이 장성한 아들 솔로몬에게 유언을 남겼습니다(대상 28:9). 이 가르침을 받은 솔로몬이 아버지를 회상하며 자기 아들들에게 아버지로부터 받은 그 신앙의 유산을 다시 전하고 있는 것입니다(잠 4:1-2, 딤후 2:2).

사랑하는 여러분! 어떤 부모가 되어야 할까요? 솔로몬은 자기를 이렇게 소개합니다. "나, 내 아버지의 아들이었노라." "나, 내 어머니의 아들이었노라." 오늘 나는 어떤 아버지입니까? 어떤 어머니입니까? 내가 세상을 떠났을 때 내 자녀들이 나를 어떤 부모로 기억하겠습니까? 나는 자녀들에게 무엇이 제일 가치 있는 것이라고 가르치고 있습니까? 내가 세상을 떠난 후에도, 내 자녀들의 입에서 부모인 나를 부끄러워하지 않고 '나, 아버지의 아들, 딸이었노라.' 자랑스럽게 고백할 수 있는 이런 귀한 은혜가 있기를 주의 이름으로 축원합니다.

▶ 학습 문제

(1) 위기 속에 한국 교회 자세 세 가지는 무엇인가요?

    답 : 첫째, 삶의 예배, 둘째, 흩어지는 교회, 셋째, 순수한 신앙 계승입니다.

(2) 한국 교회의 신앙은 어떻게 계승되었나요?

    답 : 자녀들은 부모의 신앙의 모습을 보고 자랐습니다.

🌱 기도
하나님 아버지, 부모인 우리가 하나님 앞에서 먼저 바로 서게 하시고, 그 모습을 우리의 자녀들이 보고 자라게 하여 주시옵소서. 예수님의 이름으로 기도드립니다. 아멘.

🌱 중보기도
(1) 우리의 가정들을 축복하여주시고, 하나님이 주인 되시는 가정이 되게 하여 주시옵소서.
(2) 전 세계적으로 끊이지 않는 전쟁, 기근과 가난의 위협 속에서 하나님, 보호하여주옵소서.

▶ 만남의 준비
사사기 13장 24~25절을 읽고 삼손의 회복 능력은 어디에서 나왔는지 생각해 봅시다.

19. 까까머리 삼손

> 성경 : 사사기 13:24-25 (외울 말씀 24절)
> 찬송 : 275장(333), 365장(484)
> 주제 : 부모의 기도는 자녀의 인생에 쌓이는 보물과 같습니다.

　이스라엘의 정복 시대를 지나 약 350여 년간 과도기 시대를 사사시대라 명하며, 당시 지도자들을 사사라고 불렀습니다. 그 사사 중에 삼손이라는 사사가 있습니다. 그런데 여러 학자가 삼손을 사사로 인정하지 않는 정도가 아니라 그가 치리했던 이십 년을 빼버리기까지 합니다. '삼손 신드롬'의 저자 마크 에터베리(Mark Atteberry)가 그 이유를 설명합니다. "삼손은 젊고 강하고 잘생기고 도도하고 용감하지만 구제 불능의 바람둥이였다. 그는 강한 남자가 왜 실패하는가를 보여주고 있을 뿐이다." 정말 삼손을 그렇게 평가해도 될까요? 그래서 우리는 성경에 집중해야 합니다.

1. 삼손의 출생
　사사기 13장은 한 장 전체를 그의 출생에 할애하고 있습니다. 왜 그의 출생을 이렇게 자세히 기록했을까요? 13장 1절에서 '다시'라는 단어와 '사십 년'이란 두 단어를 주목해야 합니다. 이 두 단어를 받는 것이 2절에 '안식, 쉼'이라는 뜻의 '마노아'입니다. '그'라는 대명사를 쓸법한데 계속 '마노아, 마노아'입니다. '다시, 사십 년, 마노아'라는 이 세 단어가 삼손 드라마를 처음부터 끝까지 견인해가고 있습니다. 악을 반복적으로 행하는 자에게 필히 찾아오는 것은 '고난'입니다. 사사기를 통해 악을 행하면 징계(고난)가 따라온다는 것을 일곱 차례나 반복하여 말씀하십니다. 자기 소견에 옳은 대로 행하는 것, 그게 악입니다(삿 17:6, 21:25). 가나안 땅에서 하나님은 왕으로 높임 받기를 원하셨습니다. 하지만 이스라엘은 각자 자기가 왕이 되어 버렸습니다. 그 상황에서 '마노아'는 하나님을 왕으로 인정했습니다. 그러므로 사사기 13장은 삼손이 아니라, 마노아의 이야기입니다. 그런 그에게 찾아온 것이 '안식'이었고, '작은 태양' 삼손을 선물로 받았습니다.

삼손은 허점과 실수, 부족한 부분이 많았지만 우리는 눈에 보이는 삼손만을 보면 안 됩니다. 그를 붙잡고 일하시는 하나님을 볼 수 있어야 합니다. 삼손이 아무리 힘이 있어도 사자를 염소 새끼 찢듯이 찢을 수 있었을까요?(삿 14:6). 나귀 턱뼈로 천 명을 죽일 수 있었을까요?(삿15:14). 다곤 신전을 무너뜨려 수많은 사람을 한꺼번에 죽일 수 있었을까요?(삿 16:29-30). 성경은 그때마다 강조합니다. "여호와의 영이 그를 움직이기 시작하셨더라"(삿 13:25). "여호와의 영이 삼손에게 강하게 임하니"(삿 14:6). "여호와의 영이 삼손에게 갑자기 임하시매"(삿 14:19, 15:14). 삼손 스토리는 하나님의 흔적이며, 성령의 발자국입니다.

2. '까까머리' 삼손

인간 삼손, 넘어질 때가 한두 번이 아니었습니다. 그럼에도 하나님은 삼손을 놓지 않으시고 끝까지 붙드셨습니다. 삼손을 통해서 일하겠다고 작정하셨기 때문입니다. "여호와의 영이 그를 움직이기 시작하셨더라"(삿 13:25). 이 말씀과 짝이 되는 말씀이 "그의 머리털이 밀린 후에 다시 자라기 시작하니라"(삿 16:22)입니다. 머리가 점점 자랐다는 것은 여호와의 영이 그와 함께 하신다는 것을 뜻합니다(삿 16:28).

그 삼손이 부르짖어 기도하고 있습니다. 이것을 누구에게 배웠을까요? 바로 어머니의 배 속에서 이 기도를 들으며 자랐습니다. '삼손아, 너는 나실인이야. 술, 독주 마시면 안 돼, 시체를 만져서도 안 돼. 특별히 머리털을 깎아서는 절대 안 돼. 하나님께 너를 드린다는 표식이 머리에 있기 때문이야'(민 6:1-7). 그런데 그는 지키지 못했습니다. 멀리서 봐도 다 알 수 있을 정도로 까까머리였습니다. 바로 그때 아버지의 그 경건한 모습, 어머니의 눈물과 기도, 당부가 떠올랐습니다. 그때 그는 자기도 모르게 기도가 터져 나왔습니다(삿 16:28). 눈동자를 빼 버린 눈, 피인지 눈물인지 뒤범벅이 되어 하염없이 쏟아져 나옵니다. 어렸을 때부터 드렸던 그 기도, 부모님이 가르쳐주었던 기도입니다. 다른 것은 다 빼앗아도 이 기도는 빼앗지 못했습니다. 그가 기도했을 때, 그를 '떠나셨던 하나님'이 다시 찾아오셨습니다(삿 16:20,28). 하나님은 결코 삼손을 포기하지 않으셨습니다.

사랑하는 성도 여러분! 여러분의 자녀들은 지금 어떤 영적 상태인가요? 부모의 기도는 결코 헛되지 않습니다. 우리 자녀들 분명 하나님께로 돌아올 것입니다. 하나님이 일하시기 때문입니다. 하나님이 우리 자녀들의 기도도 들으실 것입니다.

▶ 학습 문제
(1) 사사기 13장에서 삼손보다 더 집중해야 할 인물은 누구입니까?
　　답 : 삼손의 아버지 마노아
(2) 우리 자녀들이 세상에 절대 빼앗기지 말아야 할 것은 무엇일까요?
　　답 : 부모님이 가르쳐주신 기도, 부모님이 보여주신 기도입니다.

✤ 기도
하나님 아버지, 우리 자녀들이 부모의 기도를 먹고 자라게 하시고, 그 기도 때문에 살아갈 담력을 얻게 하옵소서. 예수님의 이름으로 기도드립니다. 아멘.

✤ 중보기도
(1) 한국 교회가 다시 한번 더 하나님과 함께 비상할 수 있게 하여 주시옵소서.
(2) 우리 교회의 가정이 회복되고, 이 땅의 작은 천국을 이루는 가정들 되게 하옵소서.

▶ 만남의 준비
룻기 1장 1~5절, 요한복음 14장 1~6절을 읽고 예수의 길이 무엇인지 생각해 봅시다.

20. 가장(家長) 엘리멜렉

> 성경 : 룻기 1:1-5 (외울 말씀 5절)
> 찬송 : 430장(456), 435장(492)
> 주제 : 나의 형편이 아닌 하나님 말씀의 인도함을 받는 것이 행복의 길입니다.

5월은 가정의 달입니다. 가정은 하나님이 최초로 친히 세우신 제도입니다. 그러므로 축복의 통로이고, 사랑의 용광로이며, 천국의 모형입니다. 아니, 가정은 곧 교회입니다(엡 5:32). 그래서 하나님은 가정을 축복하십니다(시 128:3). 이렇게 소중한 가정의 현주소는 어떠합니까?

1. 룻기의 시대적 배경

이스라엘이 출애굽하여 가나안 땅에 정착한 후 약 350년간의 과도기를 거칩니다. 그것을 사사시대라 합니다. 이 사사시대의 특징은 범죄, 징계, 회개, 회복, 망각이라는 사이클의 반복입니다. 이것을 '죄의 순환' 사이클이라고 합니다. 가나안에 정착한 이스라엘은 모두 각기 자기 소견에 옳은 대로 행했습니다(삿 17:6). 마음에 하나님 두기를 싫어하였고, 각자가 하나님의 자리에 앉았습니다. "그때에 이스라엘에 왕이 없으므로 사람이 각기 자기의 소견에 옳은 대로 행하였더라"(삿 21:25). 룻기는 이 사사시대를 배경으로 합니다. "사사들이 치리하던 때에 그 땅에 흉년이 드니라"(룻 1:1). 사사시대에 그 땅에 흉년이 들었다는 것은 악을 행한 결과로 그 땅에 징벌이 나타났음을 뜻합니다. 그래서 '흉년'에는 하나님의 징계임을 깨닫고, 하나님 앞에 나아가 죄를 뉘우치고 자복해야 합니다. 그래야 다음 단계인 '회복'의 은총을 경험할 수 있습니다(사 55:7, 렘 3:12).

그런데 그때 엘리멜렉은 어떠했나요?(룻 1:1-2) 엘리멜렉이란 '하나님은 나의 왕이시다'라는 뜻입니다. 하나님을 높이며, 하나님을 왕으로 모시고 살아가는 아들이길 바라는 부모의 마음이었을 것입니다. 이 이름이 불릴 때마다 부담스럽지는 않았을까요! 여기에 그는 가장(家長)이었습니다. 책임 있는 위치였으며, 집안의 모든 대소사를 그의 결정에 따랐습니다. 그런데 엘리멜렉이 흉년 앞에서 내린 결정은 하나님 앞에 죄를 자복하는 것이 아닌 하나님을 더 멀리 떠나는 것이었습니다.

2. 가장(家長) 엘리멜렉

그렇다면 엘리멜렉이 언제 적 사람일까요? "살몬은 라합에게서 보아스를 낳고 보아스는 룻에게서 오벳을 낳고 오벳은 이새를 낳고"(마 1:5). 라합은 여리고성에 살던 여인입니다. 그리고 보아스는 룻기에 등장합니다. 그러므로 엘리멜렉은 출애굽 도중에 광야에서 태어났던 것 같습니다. 그는 모압에 대해서는 잘 알고 있었습니다. 모압이 얼마나 비옥한 땅인지, 어느 쪽에 무엇이 있는지 훤히 꿰뚫고 있었습니다. 베들레헴에 정착했지만 늘 마음은 저쪽 모압이었습니다. 그러던 중, 가나안에 흉년이 들었습니다. 분명 회개하라는 하나님의 채찍이었습니다. 하지만 그는 흉년을 모압으로 갈 핑곗거리로 삼았습니다. 왜 핑계입니까? 그는 풍족했습니다(룻 1:21). 그때 보아스 같은 사람은 흉년이 들어도 베들레헴을 떠나지 않았습니다(룻 2:1). 그런데 그는 미련 없이 떠났습니다. 그때 그는 분명히 '살겠다'고 모압으로 갔습니다(룻 1:2). 그런데 자기도 죽고(룻 1:3), 아버지를 따라나섰던 아들 둘도 일찍 죽었습니다(룻 1:5). 엘리멜렉, '하나님은 나의 왕이시다'라는 표식을 이마에 붙이고 있습니다. 하지만 하나님 대신 자신이 왕이 되고 신이 되어 자기 소견에 좋을 대로 가족들을 이끌고서 미련 없이 베들레헴, 즉 신앙의 터전을 버리고 떠난 결과가 이렇게 나타났습니다.

사랑하는 여러분! 우리에게도 영적 흉년과 같은 상황이 찾아올 때가 있습니다. 이 영적 흉년을 만난 우리가 어떤 태도를 취해야 할까요? 나오미가 가장의 배턴을 이어받습니다(룻 1:6). 그녀는 이미 늙었고, 가진 것도, 따르는 자도 없습니다. 경험도, 능력도 없습니다. 그런데 그녀가 가진 강점 하나 있는데 '듣는 귀'입니다. 말씀을 듣는 귀를 가지고 있습니다. "여호와께서 자기 백성을 돌보시사 양식을 주셨다"(삿 1:6)는 것을 듣고, 반응합니다. 떠났던 베들레헴으로 다시 돌아옵니다. 말씀을 좇아 나아갔을 때 결국 하나님의 은총을 입게 됩니다. 다윗의 조상이 되고, 예수 그리스도의 계보에 동참합니다.

우리는 말씀에 귀를 기울여야 합니다. 나는 무엇을 기준으로 가정을 이끌어 나가고 있는가? 나는 나를 따르는 가족을 어디로 이끌고 있는가? 진정 그 길이 올바른 길이며, 행복한 길인가? 여러분은 가족들을 어디로 이끌고 있습니까? 모압입니까? 베들레헴입니까? 나는 엘리멜렉입니까? 나오미입니까?

▶ **학습 문제**
(1) 룻기의 시대적 배경과 상황은 어떠했습니까?

답 : 죄의 순환 사이클 속에서 각기 자기 소견에 옳은 대로 행하며 스스로 왕이 되었습니다.

(2) 가장으로서 가정을 이끌어갈 때 가장 중요한 것은 무엇입니까?

답 : 말씀을 들을 수 있는 듣는 귀이며, 그 말씀 따라 이끌어야 합니다(시 119:105).

기도

하나님 아버지, 우리의 가정을 이끌어주시고, 가정을 내 뜻이 아닌 하나님의 말씀대로 이끌 수 있는 듣는 귀를 주시옵소서. 예수님의 이름으로 기도드립니다. 아멘.

중보기도

(1) 우리의 가정이 하나님의 말씀대로 이끌림 받는 가정이 되게 하여 주시옵소서.
(2) 부모로서 자녀를 양육할 때 욕심이 아닌 하나님의 마음으로 양육하게 하옵소서.

▶ 만남의 준비

룻기 4장 13~17절을 읽고 축복의 통로는 누구인지 묵상해 봅시다.

21. 축복의 통로를 아는가?

> 성경 : 룻기 4:13-17 (외울 말씀 13절)
> 찬송 : 292장(415), 559장(305)
> 주제 : 내 삶에 축복의 통로가 있음을 인식하며 사는 삶이 필요합니다.

매년 5월 21일은 부부의 날입니다. 존 그레이(John Gray) 박사는 부부란 '화성에서 온 남자, 금성에서 온 여자'의 만남이라고 했습니다. 그만큼 서로 다른 존재라는 것입니다. 그래서 부부관계에는 하나님의 절대적인 은혜가 필요합니다(창 1:28).

1. 룻을 위해 일하시는 하나님

본문 13절은 "보아스가 룻을 맞이하여 아내로 삼고"로 시작합니다. 이 가문을 통해 다윗이 탄생하고(룻 2:22), 예수 그리스도께서 탄생합니다(마 1:1). 그뿐만 아니라 룻이라는 이름이 성경의 이름으로 등재됩니다. 대부분의 가정들 또한 이런 축복과 축하 속에서 출발합니다. 그런데 왜 축복대로 열매가 나타나지 않을까요? 혈관처럼 축복이 임하는 통로(관)가 있습니다.

21년 5월 석유 생산량이 세계에서 제일 많은 미국의 최대 송유관 회사가 사이버 공격을 받았습니다. 그로 인해 미국 14개 주에 석유를 공급하는 대형 송유관이 먹통이 되어 버렸습니다. 비상사태가 선포되었습니다. 관이 막혀버리니 방법이 없었습니다. 우리도 마찬가지입니다. 하나님이 우리에게 은혜를 베푸시고, 복을 주실 때 그냥 쏟아부어 주시는 것이 아니라, 축복의 통로를 통해서 주십니다. 그러므로 하나님이 사용하시는 그 통로가 무엇인지를 알아야 합니다. 룻은 보잘것없는 이방 여인입니다. 그런데 믿음의 명문가를 이루고, 부러움과 칭찬의 대상이 됩니다. 하나님께서 은혜를 베풀어주셨기 때문입니다. 과연 어떤 통로를 통해서 은혜를 주셨을까요?

2. 내 삶의 축복의 통로

룻이 베들레헴에 이르렀을 때가 '보리 추수 시작할 때'였습니다(룻 1:22). 이때 룻은 원망하거나 주저앉지 않았습니다. 밭으로 나갑니다(룻 2:2). 자기 소유의 밭도 아닙니다. 하지만 하나님의 뜻이라는 믿음을 가지고 밭으로 향합니다. 그리고 남의 밭에서 낯선 남정네들의 뒤꽁무니를 따르며, 이삭을 줍습니다(룻 2:7). 처량하고 한심한 신세입니다. 하지만 삶의 현장에서 최선을 다해 아침부터 저녁까지 '이삭줍기'에 올인합니다. 그때 하나님께서 그 밭을 축복의 통로로 사용하시며, '우연히'(3절)와 '마침'(4절)을 절묘하게 이용하십니다. 우연의 주인공 룻과 마침의 주인공 보아스를 만나게 하십니다. 하나님은 오늘도 일하십니다. 내 삶의 현장, 직장, 일터를 축복의 통로로 사용하십니다. 설령 내 눈앞의 현실이 한심하고, 시시하고 보잘것없다 할지라도 하나님이 이곳에 나를 보내셨다는 믿음으로 열심히 '보리 이삭'을 주워봅시다. 하나님은 그 밭을 축복의 통로로 사용하실 것입니다.

또 중요한 축복의 통로가 있습니다. 보아스는 룻을 처음 만났습니다. 그런데 분에 넘치는 호의를 베풉니다(룻 2:8,14,15,16). 이유가 무엇일까요? 보아스는 이미 룻이 시어머니에게 행한 모든 것을 들어 알고 있었습니다(룻 2:11). 시어머니는 늙고 힘도 없고 유산도 없었습니다. 이 사실을 눈치챈 오르바는 미련 없이 되돌아갔습니다. 그런데 룻은 어머니를 '붙좇았더라'고 강조합니다(룻 1:14). 밭으로 나가 열심히 이삭을 주운 이유는 늙은 어머니를 봉양하기 위해서였습니다(룻 4:15). 결국 하나님은 그 시어머니를 축복의 통로로 사용하십니다.

하나님은 부모를 축복의 통로로 사용하십니다(엡 6:1-3, 잠 23:22). 시어머니만 축복의 통로였습니까? 엘리멜렉, 말론, 일꾼, 보아스 모두 축복의 통로였습니다. 하나님은 내 곁에 있는 사람들을 축복의 통로로 사용하십니다.

마지막으로, 또 중요한 축복의 통로가 있습니다. 이들이 하루를 마친 후 나누는 대화의 특징이 무엇입니까?(룻 2:19,20). 첫째, 은혜로운 말(골 4:6). 둘째, 남에 대한 신중한 말(마 10:27). 셋째, 겸손한 말입니다(룻 2:2). 또 하나의 축복의 통로, 그것은 내 입에서 나오는 말입니다. 말은 씨앗 같아서 생명력을 가지고 번성합니다. 뿌리를 내리고 자라서 내가 말한 것과 똑같은 열매를 맺습니다(잠 18:21). 혹시 남에 대해 말하는 것을 좋아하지는 않습니까? 상대가 없는 자리에서, 너무 쉽게 입을 열고 있지는 않습니까?(잠 18:8). 하나님은 혀를 축복의 통로로 사용하십니다.

사랑하는 여러분! 하나님께서 우리에게 은혜를 주실 때 축복의 통로를 통해 주십니다. 첫째, 내 삶의 현장이 축복의 통로입니다. 둘째, 내 곁의 사람이 축복의 통로입니다. 셋째, 내 입의 말이 축복의 통로입니다. 이 축복의 통로들을 통해 하나님이 우리 가정에 부어주시는 은혜와 축복이 차고 넘치기를 주의 이름으로 축복합니다.

▶ 학습 문제

(1) 하나님께서 이삭 줍는 룻을 위해 일하실 때 사용하신 방법은 무엇입니까?
   답 : '우연히'와 '마침'입니다. '우연히' 밭에 나간 룻에게 '마침' 보아스를 만나 게 하십니다.

(2) 축복의 통로 세 가지는 무엇입니까?
   답 : 첫째, 내 삶의 현장, 둘째, 내 곁의 사람, 셋째, 내 입의 말입니다.

❋ 기도

하나님 아버지, 내 삶에 수많은 축복의 통로들에 감사하게 살게 하시고, 나 또한 축복의 통로로 살게 하옵소서. 예수님의 이름으로 기도드립니다. 아멘.

❋ 중보기도

(1) 나로 하여금 가정에 축복의 통로로 서 있게 하여 주시옵소서.
(2) 우리 가정의 부부가 더욱 하나가 되게 하여 주시옵소서.

▶ 만남의 준비

사무엘상 18장 1~4절을 읽고 왕위보다 중요한 것이 무엇인지 묵상해 봅시다.

22. 왕위(王位)보다 더 중요한 것

> 성경 : 사무엘상 18:1-4 (외울 말씀 1절)
> 찬송 : 36장(36), 425장(217)
> 주제 : 하나님의 뜻을 발견하고, 그 뜻에 순종하는 삶이 하나님 기뻐하시는 삶입니다.

　미국은 대통령이 임명하는 자리가 8,000여 개쯤 되지만 한국은 무려 3만여 개나 됩니다. 여기에 청문회 대상은 60여 개뿐입니다. 국회에서 자격이 없다고 해도, 임명하면 그뿐입니다. 그야말로 제왕적 권력입니다. 권력이란 마약과도 같아서 한번 맛을 들이면 끊지를 못합니다. 우리는 사울을 통해서 이 사실을 실감합니다. 그가 처음부터 권력을 탐한 인물은 아니었습니다. 사무엘이 하나님의 뜻을 전하자 뭐라고 했습니까? "나는 이스라엘 지파의 가장 작은 지파 베냐민 사람이 아니니이까 또 나의 가족은 베냐민 지파 모든 가족 중에 가장 미약하지 아니하니이까"(삼상 9:21). 백성들이 왕으로 옹립하려고 했을 때 그는 숨어버립니다(삼상 10:22). 그런 그가 왕이 되어, 권력을 잡고 나니 변했습니다. 하나님의 제사장조차도 아래로 보였습니다(삼상 13:11). 자기 외에 누군가가 칭송받는 것이 용납되지 않았습니다(삼상 18:7-8). 지난날의 겸손함, 진중함을 그 어디에서도 찾을 수 없었습니다. 하나님은 이런 사울을 버리셨습니다(삼상 15:23).

1. 하나님의 마음에 있는 다윗

이스라엘은 다시 왕을 세워야 했습니다. 사무엘은 당시 민중을 대표하는 자였습니다. 그 사무엘의 마음에 엘리압이 있었습니다(삼상 16:6). 오늘날로 말하면 엘리압은 여론 조사에서 선두권을 달리고 있었습니다. 다수의 지지를 받고 있었습니다. 그런데 정말 다수는 언제나 옳을까요? 헨릭 입센은 '민중의 적'이라는 희곡을 통해 '다수가 항상 옳은 것은 아니다'고 말합니다. 사울의 뒤를 이을 자는 엘리압, 삼마도 아닌 다윗이었습니다(삼상 16:12). 그는 하나님의 심중에 있었습니다(행 13:22). 하나님의 마음에 있었기에 물맷돌 하나로 골리앗을 쓰러뜨리게 하십니다(삼상 17:45). 하나님의 마음에 있었기에 그 일로 순식간에 온 이스라엘에 다윗의 이름이 알려지게 하십니다. 이런 다윗을 사울은 제거하려 하지만 실패합니다. 하나님의 마음에 다윗이 있었기 때문입니다. 다윗은 '생명 싸개' 속에 있는 자였습니다(삼상 25:29).

2. 왕위보다 중요한 것은 하나님의 뜻입니다.

그러면 하나님은 마음에 있는 자를 어떻게 드러내십니까? 첫째, 가까운 사람을 통해 드러내십니다. "소년 중 한 사람이 대답하여 이르되 내가 베들레헴 사람 이새의 아들을 본즉 수금을 탈 줄 알고 용기와 무용과 구변이 있는 준수한 자라 여호와께서 그와 함께 계시더이다"(삼상 16:18). 여기 '소년 중 한 사람'은 다윗을 잘 아는 이웃인 듯합니다. 이 가까운 사람의 천거로 일개 목동에 불과했던 그가 왕 앞에까지 나아가게 되었습니다. 가까이에 있는 사람이 나를 제일 잘 압니다. 특히 광야에서 말입니다. 광야는 쓸쓸한 곳, 아무도 없는 곳, 누구도 보지 않고 그 누구도 관심을 기울이지 않는 곳입니다. 다윗은 그곳에서 다른 사람의 눈을 의식하거나, 일을 적당히, 눈가림으로 하지도 않았습니다. 늘 최선을 다했습니다. 한 생명, 양 새끼조차도 소중하게 생각했습니다. 이런 다윗의 하루하루를 친구가 곁에서 지켜보고 있었습니다. 그러다가 결정적인 순간에 그를 천거하는 것입니다. 지도자가 될 자는 먼저 가까운 사람에게 인정받아야 합니다.

둘째, 정적(政敵)을 통해 드러내십시오. 오늘 본문에는 요나단과 다윗의 관계를 소개합니다(삼상 18:1,3,4, 19:4, 20:17). 요나단은 장차 왕위를 이어받을 자로, 정치적 라이벌, 아니 정적(政敵)입니다. 그런데 요나단이 다윗을 '심히 좋아합니다' (삼상 19:1). 사랑하되 자기 생명같이 사랑합니다. 다윗을 구해주기도 하고, 아버지 사울의 계략을 알려주기도 하며, 자신의 왕위까지 양보합니다(삼상 23:17). 어떻게 이게 가능했을까요? 요나단이 하나님의 뜻을 알았기 때문입니다. 요나단은 베냐민의 후손인 자신이 아니라 유다 지파인 이새의 줄기에서 한 싹이 나며, 그 뿌리에서 한 가지가 나는 것이 하나님의 뜻임을 알았습니다 (사 11:1). 요나단은 왕위(王位)보다 하나님의 뜻을 더 귀하고 중요하게 생각했습니다. 룻기의 보아스가 오실 메시야 예수 그리스도를 상징했듯이, 요나단 역시 오실 메시야 예수 그리스도를 예표합니다.

사랑하는 여러분! 요나단을 통해 우리가 배워야 할 것이 무엇일까요? 요나단은 왕위보다 하나님의 뜻이 이루어지는 것이 더 의미 있고, 가치 있는 일임을 보여주고 있습니다. 우리 주님은 왕위에 오르실 자격이 있음에도 불구하고, 하나님의 뜻을 왕위보다 더 중요하게 생각하고, 왕위를 버린 채 나 같은 죄인에게 왕관을 씌워주시기 위해 십자가 위에서 자기 몸을 버리셨습니다. 우리가 이 주님의 뒤를 따르기를 힘쓰는 자 될 때 하나님이 우리를 높여 주실 것입니다.

▶ **학습 문제**

(1) 하나님의 마음에 있는 자의 특징은 무엇입니까?

　답 : 가까운 사람을 통해 드러내시고, 정적을 통해 드러내십니다.

(2) 요나단과 예수님이 보여주신 성령의 열매는 무엇입니까?(갈 5:22-23 참고)

　답 : 사랑, 화평, 오래 참음, 자비, 충성, 온유, 절제

🌿 **기도**

하나님 아버지, 세상의 것들에 집착하는 것이 아닌 하나님의 뜻을 알기 위해 노력하는 자녀가 되게 하여 주옵소서. 예수님의 이름으로 기도드립니다. 아멘.

🌿 **중보기도**

(1) 우리의 삶 속에 예수님을 닮아감으로 성령의 열매 맺는 삶 되게 하여 주시옵소서.

(2) 세상의 기준이 아닌 하나님의 뜻에 합당한 삶을 살게 하여 주시옵소서.

▶ **만남의 준비**

사무엘상 24장 1~4절을 읽고 캄캄한 굴속에 펼쳐진 보화가 무엇인지 생각해 봅시다.

23. 캄캄한 굴속에 펼쳐진 보화

> 성경 : 사무엘상 24:1-4 (외울 말씀 1절)
> 찬송 : 370장(455), 365장(484)
> 주제 : 고난과 어려움 속에서 인내하며, 기도할 때 하나님이 함께 하십니다.

1947년 한 목동이 동굴 하나를 발견했습니다. 그 컴컴한 굴 안에 항아리 8개가 있었는데 그 속에는 부스러질 듯한 두루마리가 가득 담겨 있었습니다. 기원전에 기록된 성경 사본이었습니다. 학자들은 이를 사해사본이라 명명하고 그 지역에 광범위한 탐사를 벌였고, 무려 267개의 굴을 찾고 그중 11개의 굴에서 사본을 발굴했습니다. 육의 눈으로 볼 때는 황량한 벌판에 있는 캄캄한 굴이었지만 값을 매길 수 없는 엄청난 보화가 굴속에 숨겨져 있었습니다.

1. 다윗이 굴속에서 지은 시

다윗은 목동 시절에 이 지역에서 양을 쳤습니다. 누군가가 사울에게 다윗이 엔게디 광야에 숨어 있다는 정보를 제공합니다. 엔게디는 성경 사본이 발견된 바로 그 지역입니다. 그때 사울은 한 명을 사로잡기 위해 군사 삼천 명을 동원했습니다. 이 사실을 안 다윗은 급히 그곳에 있는 한 굴속으로 몸을 숨겼습니다(삼상 24:3). 그때 다윗이 그 굴속에서 무엇을 했을까요? 시편 142편을 보니 다윗이 굴에 있을 때 지은 시입니다. 시 142편을 보면 그는 부르짖고 소리를 냅니다. 여기가 어디입니까? 숨죽여야 할 굴속입니다. 그런데 굴속에서 상식 밖의 행동을 하고 있습니다. 우리는 절망적인 상황에 던져졌을 때 낙심하거나 포기하지 말고 하나님께 부르짖어야 한다는 가르침을 자주 듣습니다. 하지만 그보다 더 깊은 뜻이 있지 않을까요? 왜냐하면 2절 때문입니다. "내가 내 원통함을 그의 앞에 토로하며 내 우환을 그의 앞에 진술하는도다"(시 142:2). 너무 억울하고, 답답하고, 괴로워서 지금 하나님 앞에 떼를 쓰는 것에 가깝습니다. 살아오면서 이런 때는 없었나요?

언젠가 한 목사님이 책을 보내왔습니다. 제목이 '바람 불어도 좋아'입니다. 사모가 셋째 아이를 출산하던 중 갑자기 쓰러졌습니다. 그때부터 이 목사님은 전신마비 아내의 병시중을 하는 신세가 되고 맙니다. "하나님이 가시가 되어 찌르는 그 아픔은 육체의 고통보다 더 고통스럽다. 하나님께 안 찔려도 삶이 아프고, 하나님께 찔려도 아프다. 가만히 돌아보면 이래저래 아픈 삶이다." 이 목사님에게 하나님은 '찌르는 가시'였습니다. 그래서 소리소리 지릅니다. "하나님, 나 좀 그만 때려요, 내가 뭘 잘못했는데요, 나 하라는 대로 다 했잖아요!" 지금 깊고 캄캄한 굴속에 던져져 있습니다. 그 속에서 기승전결이 뚜렷한 기도가 나올 수 있을까요? 그저 원통함과 우환을 쏟아내는 것입니다. 왜 하나님이 이렇게 하실까요? 왜, 왜, 왜?

2. 캄캄한 굴속에 펼쳐진 보화

"악을 행하는 자들 때문에 불평하지 말며 불의를 행하는 자들을 시기하지 말지어다. 그들은 풀과 같이 속히 베임을 당할 것이며 푸른 채소 같이 쇠잔할 것임이로다. 여호와 앞에 잠잠하고 참고 기다리라 자기 길이 형통하며 악한 꾀를 이루는 자 때문에 불평하지 말지어다"(시 37:1,2,7). 분명히 다윗이 지은 시입니다. 다윗이 그 깊은 굴속에 숨어있을 때 하나님께서 찾아오셨습니다. 그곳에서 하나님을 만났고, 하나님의 음성을 들었습니다. 그 음성이 시편 37편입니다. 불평하고 원망하고, 소리소리 지르던 그가 변합니다. "나의 영혼아 잠잠히 하나님만 바라라 무릇 나의 소망이 그로부터 나오는도다"(시 62:5). 그 결과는 어떻게 되었습니까?

사울이 들이닥쳤습니다. 그 많은 굴 중에서 다윗이 숨어있는 굴을 족집게 집듯이 찾아왔습니다. 하나님의 뜻대로 행했는데도 상황은 전혀 바뀌지 않았습니다. 하지만 잠시 후 상황이 반전됩니다. "양의 우리에 이른즉 굴이 있는지라 사울이 뒤를 보러 들어가니라"(삼상 24:3). 여기 '뒤'가 뭘까요? 학자들은 용변, 혹은 잠으로 의견들을 모읍니다. 바로 그때 어떤 일이 일어났습니까? 굴 안쪽 깊은 곳에 있던 다윗 손에는 칼이 있었습니다. 세상모르게 자고 있는 사울에게 손을 들어 꽂으면 끝나는 것입니다. 하지만 다윗은 사울의 겉옷 자락만 베었습니다. 하나님이 기름 부으신 자였기 때문입니다. 이 사실을 알지 못한 사울은 굴 밖으로 나갔습니다.

사랑하는 여러분! '바람 불어도 좋아'라는 책의 저자는 굴속에서 주님을 만났고, 주님의 음성을 들었습니다. 캄캄한 굴속에 주님이 보좌를 펼치고 계셨던 것입니다. 지금 여러분은 어느 굴속에 있습니까? 하나님은 내가 있는 그 굴속에 당신의 보좌를 펼쳐놓고 계십니다. 그곳에서 나를 만나기 원하십니다. 나에게 음성 들려주기를 원하십니다.

▶ 학습 문제
(1) 사무엘상 24장과 연관된 성경 본문은 어디인가요?
　　답 : 시편 142편
(2) 캄캄한 굴속에 펼쳐진 보화는 무엇인가요?
　　답 : 굴속에서 우리를 만나주신 하나님입니다.

※ 기도
하나님 아버지, 지금 나의 상황이 캄캄한 굴속과 같은 상황입니다. 그 굴속에서 인내하며, 그곳에서 하나님을 만나는 역사를 경험하게 하옵소서. 예수님의 이름으로 기도드립니다. 아멘.

※ 중보기도
(1) 굴속에 있는 것 같은 어두운 상황에 놓인 주의 자녀들을 불쌍히 여겨 주시옵소서.
(2) 우리 교회가 어려운 상황 속에서도 임마누엘의 하나님을 바라보게 하옵소서.

▶ 만남의 준비
사무엘상 25장 1절, 36~38절을 읽고 나의 남은 생을 어떻게 보낼 것인지 생각해 봅시다.

24. 나의 生은 얼마나 남았을까

성경 : 사무엘상 25:1, 36-38 (외울 말씀 38절)
찬송 : 220장(278), 212장(347)
주제 : 나의 남은 생을 예수님과 동행하며, 이웃에게 베푸는 인생을 살아야 합니다.

통계청에서 2020년 6월을 기준으로 우리나라 총인구와 한 해 사망자 그리고 연령별 생존확률을 조사한 수치를 발표했습니다. 그 결과 80세가 되면 100명 중 70명은 세상을 떠나고 90세가 되면 95명, 그러다가 99세, 100세가 되면 생존확률이 제로가 되어 버립니다. 여러분의 생존확률은 몇 %쯤 됩니까? 생의 남은 그 순간 무엇을 하고 있습니까?

1. 사무엘상 25장은 '특보 강조법'

문장에서 어떤 부분이 중요할 때는 과장법, 점층법 그리고 반복법을 사용하여 강조합니다. 그런데 강조법으로도 부족하다고 느낄 때, 어떤 방법이 사용됩니까? 하나는 메신저가 앉는 포즈를 취하는 것입니다(마 5:1, 13:1-2). 또 하나는 갑자기 특보를 내보내는 것입니다. TV 시청 중에 갑자기 '뉴스특보'가 화면을 가득 채웁니다. 굉장히 중요한 사건이 터졌기 때문입니다. 이것을 '특보 강조법'이라고 할 수 있습니다. 오늘 본문도 그렇게 보아야 합니다. 다윗이 사울의 칼날을 피해 굴에 숨는 24장과 26장은 이어지는 사건입니다. 그런데 25장에 나발이 등장합니다. 마치 '뉴스특보'처럼 말입니다. 중요한 인물인 사무엘의 죽음은 한 절이고(삼상 25:1), 나발의 죽음은 2절부터 한 장 전체를 할애하고 있습니다.

얼마나 중요한 인물이었기에 그랬을까요? 나발은 부자였습니다(2절). 하지만 성경은 그의 행실에 대해서 완고하고, 악하며, 불량한 사람이라고 평가합니다(삼상 25:3,17,25). '나발' 뜻은 무엇일까요? '나발'이라는 이름의 원래 뜻이 어떠했는지 모릅니다. 하지만 이 이름이 나발에게 붙여진 후 그의 행실 때문에 사람들이 '나발' 하면 어리석기 짝이 없는 자, 바보 같은 존재, 구두쇠, 인간 이하의 존재라는 뜻으로 점점 바뀌었습니다. 돈이 많아서 그 재물에 혈안이 되어 주변 사람을 잃어버린다면, 더 나아가 인간 이하의 취급을 받는다면 그게 무슨 의미가 있을까요? 그 인생은 헛살아 온 것이 틀림없습니다. 이런 나발의 행적을 갑자기 세우고 있습니다. 뉴스특보법입니다. 성령께서 이 말씀을 통하여 오늘 우리에게 대단히 중요한 교훈을 주십니다.

2. 남은 생을 살아가는 우리에게 주시는 교훈

첫째, 도움이 필요한 자를 외면하지 말아야 합니다. 도움이 필요한 다윗이 나발에게 다가왔습니다. 나발은 충분히 도울 수 있었습니다. 하지만 나발은 핑계를 대면서 거절해 버리고, 자기를 위하여는 큰 잔치를 베풉니다(삼상 25:36). 그 잔치가 '왕의 잔치와 같은 잔치'라고까지 했습니다. 그런 그의 목숨이 누구의 손에 있었습니까? "한 열흘 후에 여호와께서 나발을 치시매 그가 죽으니라"(삼상 25:38). 잠시 후면 숨이 끊어지고, 모든 것을 다 놓고 하나님 앞에 설 텐데, 그것을 모르고 마치 천년만년 살 것처럼 행세합니다.

예루살렘에서 여리고로 향하던 한 사람이 강도를 만났습니다. 그때 제사장, 레위인이 지나갑니다. 그런데 못 본 체합니다. 여기 '강도 만난 자'를 학자들은 예수님이라고 봅니다. 주님이 때로는 이런 모습으로 우리 앞에 나타나시는 것입니다. 나발은 우리에게 호소합니다. "하나님이 부르시면 다 끝난다. 난 정말 어리석었다. 가졌을 때 도움이 필요한 자들에게 나눠줘라."

둘째, 의의 신랑과 함께하는 것입니다. 나발은 세상을 상징합니다. 아니 옛 남편입니다. 다윗은 오실 메시야, 그리스도, 의의 신랑, 우리 주님이십니다. 그러면 아비가일은 누구입니까? 오늘 우리입니다. 지난날 우리는 나발과 짝하여 살았습니다. 나발을 남편으로 모시고, 나발의 지배 아래 있었습니다. 그 손에서 벗어날 수도 없었습니다(약 4:4, 계 18:4). 이런 우리에게 의의 신랑 다윗이 찾아왔습니다. 그가 먼저 손을 내밀어 우리를 초청했습니다(삼상 25:39). '내가 너를 나의 아내로 삼겠다. 내가 너의 신랑이 되겠다.' 이 얼마나 놀라운 음성입니까? 다윗은 아비가일을 있는 모습 그대로 받아들였습니다. 주님은 아비가일 같은 우리를 신부 삼으셨습니다. 우리를 초청하셨습니다.

사랑하는 여러분! 내 생이 얼마나 남았을까요? "한번 죽는 것은 사람에게 정해진 것이요 그 후에는 심판이 있으리니"(히 9:27). 내 남은 생애 마지막 해야 할 일은 두 가지입니다. 도움이 필요한 자를 돕는 것, 의의 신랑이신 예수님과 함께하는 것입니다.

▶ **학습 문제**
(1) 나발의 스토리를 강조하기 위해 사용한 문장 기법은 무엇인가요?
    답 : 특보 강조법

(2) 나의 남은 생을 어떻게 살아야 하는지 성령께서 주시는 교훈은 무엇인가요?
답 : 도움이 필요한 자를 돕는 것, 의의 신랑이신 예수님과 함께하는 것입니다.

🌱 기도
하나님 아버지, 나의 남은 생에 나를 위해서 사는 것이 아니라 이웃을 위해, 예수님과 동행하는 삶을 살게 하옵소서. 예수님의 이름으로 기도드립니다. 아멘.

🌱 중보기도
(1) 성령의 인도함 따라 살아가는 삶이 되게 하시고, 절제의 열매를 맺게 하옵소서.
(2) 예수님과 동행하며, 그 어디나 하늘나라와 같은 삶을 경험하는 가정되게 하옵소서.

▶ 만남의 준비
사무엘하 2장 1~7절을 읽고 다윗이 왕이 된 스토리를 묵상해 봅시다.

25. 때가 되니 포이 되더라

성경 : 사무엘하 2:1-7 (외울 말씀 4절)
찬송 : 288장(204), 292장(415)
주제 : 하나님의 섭리 안에서 기다릴 때와 나서야 할 때를 아는 것이 능력입니다.

사울은 평생 다윗을 죽이지 못해 안달했습니다. 그는 불안했고, 그 불안이 질투심을 낳았습니다. 다윗 하나를 잡으려고 군사 삼천 명을 풀기까지 했습니다. 그런데 그가 먼저 쓰러집니다. 시기와 질투가 이런 무서운 결과를 초래했습니다. 미국 예일대학교의 심리학 교수인 피터 살로비(p.salovey) 박사는 범죄의 20%가 질투 때문에 일어난다고 말하면서 지금 나와 관계있는 사람을 놓고 시기, 질투를 한다고 말합니다. 가인이 혼자 있을 때는 부모의 사랑을 독차지했습니다. 그런데 동생이 출현하자 가인은 경쟁심, 심리적 갈등, 심지어 적대감에 사로잡힙니다. 결국 가인은 돌로 동생을 쳐 죽입니다. 가인은 마음을 지키지 못했습니다(잠 4:23). 그래서 생긴 심리학 용어가 가인 콤플렉스(Cain Complex)입니다. 남이 아닌 가까운 사람 간에 무의식적으로 적의를 품는 심리상태를 뜻하는 용어입니다. 이 가인 콤플렉스를 극복하지 못하면 마음에 평안, 기쁨, 만족이 없습니다. 그렇게 살아가는 인생은 비참합니다. 크리스천은 절대 혼자서 크리스천이 될 수 없습니다. 그래서 가인 콤플렉스가 없을 수 없습니다. 그런데 이 가인 콤플렉스를 극복한 대표적 인물이 있는데 바로 다윗입니다. 그는 어떻게 이 콤플렉스를 극복할 수 있었을까요?

1. 다윗이 극복한 가인 콤플렉스(Cain Complex)

다윗이 반복적으로 하는 말이 있습니다. '기름 부음'입니다(삼상 24:6, 26:11, 삼하 1:14). 이 말을 다른 말로 하면 하나님의 섭리입니다. 다윗은 자신 안에 가인 콤플렉스가 용트림할 때, 그래서 질투와 시기가 마치 용광로처럼 끓을 때 자신의 인격, 수행, 노력, 인내로 극복하려 하지 않았습니다. 유일한 힘을 '하나님의 섭리'에서 찾았습니다. 하나님이 하십니다. 하나님이 하신 일입니다. 그 사람이 그렇게 된 것, 다 하나님이 하신 일입니다. 다윗인들 가인 콤플렉스가 없었을까요? 그런데 이 하나님의 '섭리'로 가인 콤플렉스를 극복할 수 있었다는 것입니다.

2. 하나님의 섭리에 순종할 때 누리는 능력

다윗이 하나님의 섭리를 인정할 때, 하나님은 귀한 선물을 주십니다. 어떤 선물이었습니까? 먼저는, 기다려야 할 때 기다릴 줄 아는 능력(힘)을 주셨습니다. 당시 이스라엘에서 왕이 되려면 기름 부음을 받아야 합니다. 기름 부음은 평생 단 한 번입니다. 그런데 다윗은 세 번이나 기름 부음을 받았습니다(삼상 16:13). 첫 번째 기름 부으심은 나이 20세 전후, 한창 혈기 왕성할 때입니다. 그럼에도 그는 진중하게 행동합니다. 다윗이 또 한 번 기름 부음을 받습니다(삼하 2:4). 이때의 나이는 서른 살이었습니다. 이번에는 열두 지파 중에 겨우 한 지파의 우두머리가 됩니다. 그래도 불평하거나 원망하지 않습니다. 또 기다립니다. 이런 그에게 드디어 이스라엘 모든 장로가 찾아옵니다(삼하 5:3). 세 번째 기름 부음을 받았을 때, 비로소 그가 이스라엘 전체의 왕이 됩니다. 이렇게 다윗이 하나님의 섭리를 믿을 때 하나님께서는 그에게 기다려야 할 때 기다릴 수 있는 능력을 공급해주셨습니다.

또 하나는 나서야 할 때 나설 줄 아는 능력(힘)을 주셨습니다. 어느 날 그의 마음속에 어떤 움직임이 일어났습니다(삼하 2:1). 그는 하나님께 묻습니다. "내가 유다 한 성으로 올라가리이까?", "올라가라", "어디로 올라가리이까?", "헤브론으로 갈지니라." 헤브론은 자기가 기대하는 곳이 아니었습니다. 높은 산지에 작은 촌락입니다. 하지만 그는 말씀에 순종합니다. 동일한 시각 이스라엘 수도에서는 어떤 일이 일어나고 있었습니까?(삼하 2:8-11) 온 이스라엘이 모여 사울의 아들 이스보셋을 왕으로 세우는 즉위식을 하고 있었습니다. 한쪽은 한 지파이고, 다른 한쪽은 다수의 지파입니다. 하지만 다윗은 낙심하지 않습니다. 하나님의 뜻이 분명히 있다고 생각하며 8년 가까운 세월 동안 자신이 해야 할 일들을 해 나갑니다. 이런 그에게 어떤 일이 일어납니까? 다윗은 이스라엘 전체의 왕이 됩니다. 기다려야 할 때까지 기다리고, 나아가야 할 때 나아갔더니 왕이 되었습니다. 때가 되니 왕이 되었습니다.

사랑하는 여러분! 많은 사람이 기다려야 할 때 기다리지 못하고 서둡니다. 반대로 나서야 할 때 주저앉아 있습니다. 그러는 중에 세월은 가고 하나님이 주신 기회도 놓쳐 버리고 한평생을 끝냅니다. 여러분들은 기다려야 할 때 진정 기다렸습니까? 나아가야 할 때 담대히 나아갔습니까? 내 힘으로 되지 않습니다. 하나님의 섭리를 가슴에 품어야 합니다. 그 섭리를 믿으며 나아갈 때 하나님께서 힘과 능력과 지혜를 주십니다. 그래서 결국은 王의 자리를 차지하는 오늘의 다윗이 되게 하십니다. 이 은혜가 모든 분 위에 임하기를 소원합니다.

▶ 학습 문제
(1) 남이 아닌 가까운 사람 간에 적개심을 품는 심리상태를 무엇이라고 합니까?
   답 : 가인 콤플렉스(Cain Complex)
(2) 다윗이 하나님의 섭리 안에서 누렸던 능력 두 가지는 무엇입니까?
   답 : 기다려야 할 때 기다릴 줄 아는 능력과 나서야 할 때 나설 줄 아는 능력입니다.

🌱 기도
하나님 아버지, 나의 인생이 하나님의 섭리 안에 있음을 깨닫고, 하나님의 말씀에 순종하며 살아가는 인생이 되게 하여 주옵소서. 예수님의 이름으로 기도드립니다. 아멘.

🌱 중보기도
(1) 하나님의 섭리 가운데 움직이는 우리 교회 되게 하옵소서.
(2) 오래 참음으로 하나님의 능력을 경험하는 교회 되게 하옵소서.

▶ 만남의 준비
사무엘하 8장 13~14절을 읽고 왕위보다 더 중요한 것이 무엇인지 묵상해 봅시다.

26. 긍휼의 힘

> 성경 : 사무엘하 8:13-14 (외울 말씀 13절)
> 찬송 : 436장(493), 449장(377)
> 주제 : 다윗이 보여준 긍휼의 힘은 내 옆에 있는 사람을 소중히 여기는 것이었습니다.

원래 히브리 성경의 사무엘서는 한 권이었습니다. 그런데 왜 두 권으로 나눴을까요? 처음 이스라엘은 사사가 다스렸습니다. 그런데 주변 나라들을 보니 왕이 나라를 다스리고 있는 게 아닙니까! 그래서 사무엘에게 왕을 요구합니다(삼상 8:5). 이렇게 세워진 사울왕은 생을 어떻게 마무리했습니까? "이에 사울이 자기의 칼을 뽑아서 그 위에 엎드러지매"(삼상 31:4). 사울은 결국 스스로 목숨을 끊습니다. 하지만 성경은 자살을 금하고 있습니다. 이스라엘 백성에게 사울의 죽음이 큰 충격이었습니다. 그래서 사무엘서를 나누어 버립니다. 사울 시대를 떼어내고 다윗 시대를 부각시킵니다. 그의 시작은 미약하였습니다. 이름 없는 목동에 불과했지만 나중은 심히 창대해졌습니다. 다윗을 보면 독특한 면을 하나 발견합니다. 다윗이 기도하면 하나님의 응답이 즉각적으로 나타났습니다(삼하 2:1, 5:19, 23). 얼마나 좋을까요? 하지만 우리는 그렇지 않습니다. 그렇다고 해서 실망할 필요가 없습니다. 오늘 우리에게 주시는 더 깊은 깨달음이 있기 때문입니다.

1. 다윗의 심중에 흐르는 것

사무엘하는 다윗 왕국을 세워나가는 과정을 그리고 있습니다. 본문 8장을 살펴봅시다. 그는 왕으로 세움을 입고 난 뒤, 그냥 왕궁에서 '왕놀이'나 하고 있지 않았습니다. 직접 군사를 이끌고 전쟁터로 나아가 적과 싸웠습니다. 우리도 다윗처럼 나아가야 합니다. 싸워야 합니다. 요단강이 어떻게 갈라졌습니까? 여리고성이 어떻게 무너졌습니까? 이스라엘이 나아갈 때 하나님께서 함께하셨습니다. 그런데 이 과정에서 우리는 특이한 점 하나를 발견합니다. 사무엘하를 정독하는 사람이라면 다윗의 심중 깊은 곳에 그 무엇이 흐르고 있는 것을 발견할 수 있기 때문입니다. 1장부터 천천히 다윗의 발자취를 따라가 봐야 합니다.

2. 긍휼의 힘

1장에서는 한 사람이 다윗 앞에 나타나 사울의 죽음을 상세하게 브리핑합니다. 그러면서 증표로 사울왕의 면류관과 팔고리를 제시합니다. 큰 상급을 기대했지만 다윗은 이 사람을 처단해 버립니다(삼하 1:14-15). 2장에는 다윗이 드디어 왕으로 세움을 입습니다. 왕관을 쓴 뒤에 처음 받은 보고는 사울이 죽었지만 그를 추모하고 따르는 길르앗 야베스 사람들이 있다는 것입니다(삼하 2:4). 다윗은 일생 정적(政敵)이었던 사울의 장례를 치른 야베스 주민들에게 특사까지 보내서 복을 빌고 있습니다(삼하 2:5-6).

3장에는 군대장관 아브넬이라는 자가 있었습니다. 사울이 전사한 그 혼란한 정국을 틈타 사울의 아들 이스보셋을 이스라엘의 왕으로 옹립하고선 자신이 실권을 장악합니다. 하지만 그 누구도 그에게 한마디 대꾸하지 못합니다(삼하 3:7-11). 그런데 아브넬은 다윗 편에 붙는 것이 유리하겠다는 계산을 하고, 다윗에게 와서 거짓으로 머리를 조아립니다. 이 술수를 눈치챈 군대장관 요압이 다윗을 위해 이 아브넬을 살해해 버립니다(삼상 3:27). 그런데 그때 이 사실을 안 다윗이 어떻게 반응합니까? 또 애가까지 지어 부르면서 슬퍼합니다(삼하 3:31-32). 그의 심중에 도대체 무엇이 자리 잡고 있을까요?

4장은 어떻게 전개됩니까? 당시 다윗의 라이벌은 정통성을 지니고, 많은 지파를 거느리는 이스보셋이었습니다. 그런데 마침 림몬의 두 아들 레갑과 바아나란 자가 이스보셋을 살해하고선 그의 머리를 가지고 다윗 앞에 나타납니다(삼하 4:8). 그때 다윗은 오히려 그들을 처단합니다(삼하 4:12). 어떻게 이런 처신을 할 수 있을까요? 다윗은 피아(彼我)를 분별하고 있습니다. 사울, 아브넬, 이스보셋은 한 민족입니다. 사랑하고 긍휼을 베풀어야 할 자들입니다. 적에 대해서는 단호했지만 동료에게는 긍휼을 베풀고 있습니다. 이것이 하나님의 기쁨이 되었습니다. 저는 이것을 '긍휼의 힘'이라고 부릅니다.

사랑하는 여러분! 이 다윗은 예수 그리스도의 그림자입니다. 예수님은 이 땅에 오셔서 평생 긍휼을 베푸시는 삶을 사셨습니다(마 5:7, 9:13). 우리 주님께서 이렇게 긍휼을 베푸실 때마다 그의 나라는 점점 견고해졌고, 확장되어 나갔습니다. 우리 주님은 적, 어둠의 세력, 사탄의 권세는 담대하게 물리치셨습니다. 하지만 당신의 백성들은 끝까지 사랑하셨습니다. 이 긍휼의 힘이 어떻게 나타났습니까? 사망의 권세를 이기는 능력으로 나타났습니다. 이 주님을 따르는 오늘 나는 어떠합니까? 긍휼히 여길 때 긍휼히 여김을 받고, 불쌍히 여길 때 불쌍히 여기심을 받습니다. 긍휼을 원하고 제사를 원치 아니하신다는 말씀을 기억하길 소망합니다.

▶ 학습 문제
(1) 히브리 성경에서 한 권이었던 사무엘서가 나뉜 이유는 무엇인가요?

　　답 : 스스로 목숨을 끊은 사울보다 다윗을 부각하기 위함입니다.

(2) 다윗의 심중에 흐르고 있는 것은 무엇인가요?

　　답 : 나와 가까운 사람을 긍휼히 여기는 긍휼의 힘

☙ 기도
하나님 아버지, 내 안에 긍휼이 넘침으로 말미암아 내 옆의 이웃과 나와 가까운 사람들을 사랑하게 하옵소서. 예수님의 이름으로 기도드립니다. 아멘.

☙ 중보기도
(1) 예수님의 긍휼의 능력으로 원수를 사랑하게 하옵소서.
(2) 우리 교회에 긍휼이 넘침으로 천국과도 같은 공동체를 경험하게 하옵소서.

▶ 만남의 준비
예레미야 29장 10~14절을 읽고 하나님의 마음을 묵상해 봅시다.

PART 04
김창근 목사 편

7월 _ 기도와 찬송으로 세워가는 달

27. 내게 와서 기도하라 (렘 29:10-14)
28. 절실한 믿음의 기도 (왕상 8:22-26)
29. 찬송하는 사람들 (눅 1:39-48)
30. 여호와를 송축하라 (느 9:1-6)

8월 _ 사랑을 실천하는 전도의 달

31. 하나님 사랑 이웃 사랑 (막 12:28-34)
32. 사랑으로 전해지는 복음 (엡 2:1-9)
33. 아름다운 소식을 전하라 (사 61:1-3)
34. 하나님 나라를 전파하라 (행 28:23-31)

27. 내게 와서 기도하라

> 성경 : 예레미야 29:10-14 (외울 말씀 12절)
> 찬송 : 361장(480), 585장(384)
> 주제 : 기도는 성도의 가장 큰 의무이다. 기도하라고 하나님께서 명하셨음에도 기도하지 않는 자는 자신이 그리스도인이 아니고 하나님 나라에 속하지도 않았음을 알아야 한다.

 마틴 루터에게 최고의 일과는 기도였으며 기도가 그의 삶이었습니다. 루터는 기도 없이는 살 수 없었고 그의 삶 곳곳에 기도가 스며있었습니다. 그는 오직 하나님만이 자신을 도울 수 있음을 알았기에 기도했으며, 종교개혁의 놀라운 승리와 업적의 핵심은 기도였습니다. 그리스도인이 하나님의 자녀로 살려면 열심히 기도하는 사람이 되어야 합니다. 기도는 성도의 위로요 힘이요 모든 원수에게서 보호해주며 원수를 이기는 비결입니다.

1. 기도하기 위해서는 역경과 시련 중에도 하나님을 신뢰해야 합니다.
 바벨론에게 나라가 멸망하여 포로로 잡혀간 유대인들에게 예레미야가 편지를 보냅니다. 하나님께서 유대인의 포로 생활이 70년간 계속될 것이니 바벨론에 정착을 준비하라고 하셨다고 말합니다. 이는 어떤 고통스러운 상황이 와도 좌절하지 않도록 희망을 주시는 말씀입니다. 이들의 고난과 포로 생활은 하나님을 멀리했음을 회개하며 주님을 바라보는 기회입니다.

포로 생활의 고난은 유대인들이 하나님의 백성이 되어 선민으로 살게 만들었습니다. 이들의 고난은 결국 하나님의 영광과 뜻을 드러내기 위해서 허락된 것입니다. 다니엘과 세 친구가 풀무 불에서 당한 고난처럼 특별한 목적, 즉 하나님의 구원의 은혜를 드러내는 것입니다. 우리 인생은 누구에게나 고난이 있습니다. 그 고난을 통해서 하나님께 돌아와 회개하면 언제나 회복의 길이 열립니다.

2. 기도하기 위해서는 고난 중에도 하나님의 뜻과 계획을 이해해야 합니다.

인생에는 때로 이해할 수 없는 일이 일어납니다. 뜻하지 않게 질병이 엄습하거나 평생 일하던 직장을 그만두어야 하거나 사업이 어려움을 당할 때도 있습니다. 그러나 우리를 향한 하나님의 생각은 재앙이 아니라 평안이요, 우리에게 미래와 희망을 주는 것입니다. 우리는 시련을 당하면 죄를 지어서 벌을 받는다고 생각하지만 하나님은 그것을 통해 새 일을 행하십니다.

고난은 그 자체가 고통스럽습니다. 그러나 하나님은 고난을 통해 아름다운 걸작품 인생을 만드십니다. 고난 속에 하나님의 섭리가 있습니다. 모든 일에 합력하여 선을 이루시는 하나님은(롬 8:28) 고난의 신비를 통하여 성도를 정금과 같은 신앙과 인격으로 변화시켜 주십니다. 우리 생각과 다르며, 하늘이 땅보다 높음 같은 하나님의 뜻을(사 55:8-9) 바라보아야 합니다.

3. 기도하려면 고통 중에도 소망을 바라보며 계속 부르짖어야 합니다.

하나님의 백성이 고난 가운데서 침몰하지 않고 앞으로 나아갈 수 있게 하는 힘은 기도입니다. 기도는 고난 중에도 하나님을 바라보게 하고 하나님의 뜻을 깨닫게 합니다(12-13절). 예레미야는 거짓 선지자들에게 미혹 당하지 말고 새로운 미래를 보기 위해 기도에 힘쓰라고 유대인들에게 권면합니다.

비록 지금은 포로 생활이라는 절망적인 상태에 있지만 장래의 소망을 바라보며 부르짖어 기도해야 합니다. 하나님은 이들이 전심으로 부르짖어 기도하면 반드시 다시 고국으로 돌아가게 하겠다고 약속하십니다. 하나님의 약속을 이루는 비결은 바로 부르짖어 기도하는 것입니다. 비록 지금은 아무런 희망이 없어 보일지라도 주님의 말씀을 붙잡고 기도하면 반드시 하나님의 약속은 이루어집니다.

▶ 학습 문제

(1) 인생에서 역경과 시련을 당할 때 해야 할 일은 무엇입니까?
　답 : 인간의 생각보다 높고 크신 하나님의 뜻을 믿고 신뢰해야 합니다.
(2) 고통과 고난 속에서 침몰하지 않으려면 무엇을 해야 합니까?
　답 : 장래의 소망을 바라보며 하나님께 전심으로 부르짖어 기도해야 합니다.

✤ 기도

좋으신 하나님, 어렵고 힘든 상황 속에서도 주님의 사랑을 믿고 신뢰할 수 있게 하소서. 불안과 두려움 대신에 믿음을 주시고 불평과 원망 대신에 소망을 품게 하소서. 고난 속에 침몰하지 않도록 부르짖어 기도하며 승리할 수 있게 하소서. 예수님의 이름으로 기도합니다. 아멘.

🌿 중보기도
(1) 두려움과 불안이 가득한 우리 사회에 믿음과 신뢰가 회복되게 하소서.
(2) 오늘의 교회와 성도들이 다시 기도하며 부르짖는 힘을 허락하소서.

▶ 만남의 준비
열왕기상 8장 22~26절을 읽고 하나님의 지혜와 능력을 받은 솔로몬의 기도를 묵상합시다.

28. 절실한 믿음의 기도

성경 : 열왕기상 8:22-26 (외울 말씀 25절)
찬송 : 368장(486), 425장(217)
주제 : 성경에 등장하는 믿음의 선배들은 기도로 고난을 극복했다. 기도는 어떤 어려운 상황도 대처할 수 있게 한다. 또한 모든 문제를 해결할 수 있는 하나님의 도우심과 지혜를 공급받게 한다.

큰 꿈을 안고 인생을 살다가 고난이 오면 낙심하여 삶을 포기하거나 절망하는 사람이 많습니다. 그러나 고난 중에도 꿈을 저버리지 않고 견디는 사람에게는 그 고난이 꿈에 도달하게 하는 수단이 됩니다. 믿음의 사람들은 모두 기도로 고난과 고통을 극복하고, 인생의 가장 큰 어려움을 기도로 넘어설 수 있었습니다. 하나님의 능력과 지혜로 충만했던 솔로몬왕은 기도의 사람이었습니다.

1. 지혜로운 왕 솔로몬은 항상 기도하는 사람이었습니다.

많은 사람이 솔로몬의 부귀와 영화와 지혜를 부러워합니다. 그러나 그의 지혜는 바로 그의 기도에서 나온 것입니다. 솔로몬은 자기가 왕이 되어 나라를 다스려가기 위한 지혜를 구하기 위해 하나님께 기도했습니다. 항상 전심으로 기도하는 솔로몬은 예루살렘에서 서북쪽으로 10km 떨어진 기브온에서 일천 번제를 드렸습니다.

솔로몬이 이렇게 기도할 수 있었던 것은 그가 다윗처럼 여호와를 사랑했기 때문입니다. 솔로몬은 또한 그의 아버지 다윗의 법도를 행했습니다. 그의 아버지 다윗이 아들에게 남긴 가장 값진 유산은 기도입니다. 많은 시편을 기록한 다윗은 늘 하나님을 바라보며 기도했습니다. 그 아버지 다윗처럼 아들 솔로몬도 기도하기를 좋아했습니다. 나라와 민족의 큰 비전과 꿈을 안고 계속 기도한 그는 하나님의 능력과 지혜를 얻게 됩니다.

2. 하나님의 성전을 지은 솔로몬은 하나님께 기도로 봉헌합니다.

솔로몬왕은 자신의 궁전을 짓기 전에 하나님의 성전을 지었습니다. 7년 동안 정성과 기도로 모든 것을 하나님께 드려 아름다운 성전을 세웠습니다. 이 성전에 하나님의 영광이 가득 임하자 그는 이스라엘의 모든 회중과 함께 간절한 기도를 드립니다. 그의 기도에는 하나님을 향한 두려움이 있습니다. 기도는 우주를 다스리시는 전능하신 하나님을 독대하는 것입니다.

하나님의 백성에게 '경외의 실종'보다 더 두렵고 비극적인 일은 없습니다. 어디서든지 하나님의 성전을 바라보며 기도할 때 기도가 이루어지게 해달라고 솔로몬은 기도했습니다. 실제로 다니엘은 포로가 되었을 때, 예루살렘 성전 방향의 창문을 열어놓고 매일 세 번씩 기도하였습니다. 하나님은 그 기도에 응답하셨고 그는 제국에서 최고의 자리에 올라 위대한 일을 수행합니다.

3. 솔로몬의 기도는 하나님의 응답을 받는 기도였습니다.

하나님은 솔로몬의 기도를 들으시고 그의 왕위를 견고하게 하셨습니다. 성전 안에서, 성전을 향해 드리는 기도를 하나님은 들으시고 응답하십니다. 하나님은 약속하신 것을 신실하게 성취하십니다. 중요한 것은 이런 하나님께서 응답하실 것을 믿고 진실하게 인내하면서 기도해야 한다는 것입니다.

노르웨이에서 광산을 자주 대했던 할레스비는 기도를 채굴에 비유했습니다. 갱도를 내려면 우선 오랜 시간 공을 들여 단단한 암반에 깊은 구멍을 뚫어, 폭약을 밀어 넣고 도화선을 연결합니다. 바윗덩이에 구멍을 내는 일은 줄기찬 노력과 엄청난 기술이 필요합니다. 하나님의 능력을 믿는다면 암반에 구멍을 뚫듯 끈질기게 기도해야 합니다. 그리스도인이 끝이 보이지 않는 상황을 인내하며 신뢰함의 중요성을 알고 기도할 때 응답과 열매가 주어집니다.

▶ 학습 문제

(1) 솔로몬의 지혜와 힘의 근원은 어디에 있습니까?

　답 : 하나님을 향한 사랑과 간절한 기도가 놀라운 지혜의 근원입니다.

(2) 하나님의 응답을 받는 기도를 위한 조건은 무엇입니까?

　답 : 하나님을 향한 신뢰와 절실하게 인내로 드리는 간구입니다.

✤ 기도

우리의 기도에 응답하시는 하나님, 다윗을 따라 하나님을 경외하며 기도했던 솔로몬의 삶을 본받게 하옵소서. 언제나 하나님의 성전을 사모하며 하나님을 중심으로 살게 하소서. 어떤 환경과 상황 속에 있더라도 하나님을 잊지 않고 주님 안에 거하게 하소서. 예수님의 이름으로 기도합니다. 아멘.

🌱 중보기도
(1) 하나님을 경외하며 신뢰하는 국가지도자와 나라와 민족이 되게 하소서.
(2) 교회 지도자들과 성도들이 하나님을 바라보며 절실하게 기도하게 하소서.

▶ 만남의 준비
누가복음 1장 39~48절을 읽고 예수님을 만나 찬송하는 이들의 삶을 묵상합시다.

29. 찬송하는 사람들

> 성경 : 누가복음 1:39-48 (외울 말씀 45절)
> 찬송 : 95장(82), 384장(434)
> 주제 : 험한 인생 파도가 계속되는 세상에서 가장 귀한 것은 하나님이 함께하신다는 믿음이다. 희망과 믿음을 주시는 하나님을 바라보며 찬양하는 사람에게 진정한 기쁨과 평안이 주어진다.

한병철 교수는 그의 책 「피로사회」에서 이 시대의 본질은 성과사회이고, 성과사회는 스스로가 가해자인 동시에 피해자라고 밝혔습니다. 이런 사회에서 사람들은 완전히 망가질 때까지 자신을 스스로 착취합니다. 그러니 행복을 찾으면서도 행복을 누리지 못하고 있습니다. 오늘 우리에게 참된 희망과 믿음을 주시는 예수님을 만나 찬송하는 기쁨의 삶을 살기 위해 필요한 것은 무엇입니까?

1. 예수님을 만날 수 있는 사람은 마음이 가난한 사람들입니다.

영광의 예수님을 만나려면 마음이 가난해야 합니다. 오만하면 자기가 보이지만 겸손하면 하나님을 만납니다. 예수님은 "마음이 가난한 자는 복이 있나니 천국이 저희 것임이라"고 하셨습니다. 가난한 마음은 자신을 의지하지 않고 모든 것을 내려놓습니다. 나에게는 더 이상 소망이 없다는 절망의 상태는 희망의 시작입니다. 가난한 마음은 하나님을 찾는 마음이기 때문입니다.

예수님의 마음은 '가난한 마음'입니다. 예수님은 본래 하나님이셨지만 우리를 구원하시기 위해 사람이 되셨고 인간이 겪는 모든 것을 겪으셨고 십자가에 못 박혀 죽으셨습니다. 자신을 포기하고 낮추시고 희생하셨습니다. 예수님은 소박한 베들레헴에서 태어나셨고, 궁전이 아닌 마구간에서 평범한 부모 밑에서 태어났습니다. 오늘도 예수님은 마음이 가난한 사람을 찾으십니다.

2. 예수님을 만날 수 있는 사람은 겸손히 순종하는 사람입니다.

가브리엘 천사는 마리아에게 성령으로 잉태하게 될 것과 그 아기가 메시야이심을 말합니다. 마리아는 자신에게 그 일이 이루어지기를 바라며 하나님께 순종합니다. 마리아는 잉태와 해산, 그 이후 아들이 세상을 떠날 때까지 고난과 아픔과 고통의 삶을 살았지만 믿음과 순종과 헌신으로 일관했습니다.

오늘날도 마찬가지입니다. 예수 그리스도를 거부하는 사람이 있는가 하면 그를 영접하는 사람이 있습니다. 평화와 생명의 왕으로 오시는 예수님을 마음에 영접할 때, 우리도 그 평화와 생명을 누릴 수 있습니다. 예수님을 잉태한 마리아가 엘리사벳을 방문했을 때 엘리사벳 태중의 아이 세례요한은 예수님이 방문한 것을 기뻐하며 뛰었습니다. 예수님을 만나는 자는 언제나 겸손함으로 주님을 높일 수 있어야 합니다.

3. 예수님을 만난 사람들은 온전히 하나님을 찬양하게 됩니다.

성령 충만한 엘리사벳을 만나 축복받은 마리아는 마음으로 하나님을 기뻐하며 찬양합니다. 예수님의 탄생은 모든 백성에게 미칠 기쁨의 소식입니다. 복음의 소식을 듣고 성령으로 충만한 사람의 당연한 삶의 모습은 찬양과 기쁨의 삶입니다. 마리아의 인생에는 고난과 슬픔도 많았지만 인간을 구원하시기 위해 낮아지신 몸으로 오신 예수님으로 기뻐하며 찬양합니다.

예수님이 이 땅에 오신 것처럼 우리도 낮은 곳으로 가야 합니다. 그리스도인의 마음속에는 주님을 찬양하는 기쁨이 가득하고, 주님의 사랑으로 채우며 구원의 복음을 전파해야 합니다. 삶이 고달프고 어려움이 많더라도, 예수님을 전할 때 찬양과 기쁨이 가득한 삶이 될 것입니다.

▶ 학습 문제

(1) 마음이 가난한 사람이 예수님을 만날 수 있는 이유는 무엇입니까?

    답 : 가난한 마음의 사람은 자신을 내려놓고 하나님만 찾기 때문입니다.

(2) 예수 그리스도를 만난 사람들의 반응은 무엇입니까?

    답 : 예수님을 만나면 주님의 사랑으로 가득하여 기쁘게 복음을 전하게 됩니다.

🌿 기도

영광을 받으실 하나님, 인류의 구원을 위해 예수님을 보내주심을 감사합니다. 믿음으로 순종하여 예수님을 잉태하고 기쁨으로 찬양하던 마리아의 삶을 본받게 하소서. 우리도 예수님을 만나고 주님께 순종하며 성령 충만하여 찬양하며 기쁨으로 복음을 전하는 증인이 되게 하소서. 예수님의 이름으로 기도합니다. 아멘.

🌿 중보기도

(1) 한국 교회 성도들이 예수님의 겸손과 순종과 낮아지심을 배우게 하소서.

(2) 성도들의 심령과 가정에 예수님이 오셔서 기쁨으로 찬양하게 하소서.

▶ **만남의 준비**
느헤미야 9장 1~6절을 읽고 하나님을 찬송하며 경외하는 삶을 묵상합시다.

30. 여호와를 송축하라

> 성경 : 느헤미야 9:1-6 (외울 말씀 6절)
> 찬송 : 438장(495), 445장(502)
> 주제 : 하나님은 하나님 자신을 찬송하도록 인간을 지으셨다. 그러므로 그리스도인은 매일의 삶에서 하나님을 바라보며 하나님을 기뻐하며 찬양해야 한다. 그럴 때 성도의 삶은 진정한 의미와 생명으로 충만하게 된다.

1961년 4월 12일 최초의 우주인 러시아의 가가린은 우주를 보고 말했습니다. "하늘은 매우 어둡고 지구는 파랗다. 모든 것이 깨끗하게 보이나 여기서도 신은 보지 못했다." 그가 하나님을 볼 수 없었던 이유는 온 우주에 충만하신 하나님을 볼 수 있는 영의 눈이 멀었기 때문입니다. 하나님을 만나지 못하고 하나님과 동행하지 못하면 어딜 가도 마찬가지입니다. 그리스도인이 하나님을 전심으로 예배하며 찬양하려면 무엇이 필요합니까?

1. 하나님을 전심으로 찬양하려면 하나님 말씀을 듣고 회개해야 합니다.

이스라엘 백성이 70년 바벨론 포로 생활을 마치고 귀국한 후 느헤미야 총독을 중심으로 많은 어려움을 극복하고 성벽을 건축합니다. 그러나 나라가 든든히 서려면 더 중요한 과제가 남아 있었습니다. 바로 하나님이 그들 가운데 함께하시며 역사하셔야 합니다. 이를 위해 이들은 부흥회를 열고 에스라가 선포한 말씀과 레위 사람들이 해석해준 말씀을 듣습니다.

그 말씀을 들을 때 하나님의 은혜를 회상하고 또 자신들의 죄를 발견하고 통회 자복하는 회개 운동이 일어났습니다. 하나님 말씀 앞에 자신의 믿음과 삶을 철저히 비추어 볼 때 참된 회개는 시작됩니다. 은혜를 경험하면 하나님의 뜻이 아닌 것을 단절하게 됩니다. 회개에는 결단이 뒤따릅니다. 힘들지만 하나님을 거스르는 것들을 내려놓는 용기가 필요합니다.

2. 하나님을 전심으로 찬양하려면 주님 앞에서 충분한 시간이 필요합니다.

이 날에 그들은 낮 사분의 일은 말씀 듣는 시간, 그리고 낮 사분의 일은 죄를 자복하며 하나님을 경배하는 시간으로 가졌습니다. "낮 사분의 일" 즉 오전 6시부터 9시까지 세 시간동안 말씀을 들었습니다. 그리고 나머지 사분의 일, 즉 오전 9시부터 12시까지는 기도의 시간을 가졌습니다. 오늘날 같으면 아침 6시부터 정오까지 6시간의 예배를 드린 것입니다.

세 시간 동안 말씀을 듣고, 세 시간 동안 기도하면 말씀과 은혜로 충만하게 될 것입니다. 오늘 이 시대가 아무리 초고속 시대요 인스턴트 시대라고 해도 하나님의 사람들은 진지하게 충분히 말씀을 듣고 기도하는 시간을 가져야 합니다. 말씀 속에 푹 젖고 기도로 충만할 때 은혜가 되고 우리의 생각 속에 말씀이 넘쳐야 변화가 일어납니다.

3. 하나님을 전심으로 찬양하려면 성령의 감동으로 찬양해야 합니다.

이들이 회개하고 난 후 레위 사람은 성령의 감동으로 크신 하나님을 경배하고 송축하라고 권면했습니다. 하나님의 은혜가 임하니 눈물이 기쁨으로 바뀌고 부르짖음이 찬양으로 바뀌었습니다. 이들은 존귀하며 영화로운 하나님의 이름을 찬양합니다. '영화로운 이름' 곧 하나님의 인격을 상징하는 그 이름에 최고의 영광을 돌리는 것이 인간의 마땅한 도리입니다.

이스라엘 백성은 애굽에서 구원하시고 광야에서 인도하시고 모든 것을 채워주신 하나님의 사랑과 은혜를 생각하면서 하나님을 찬양하며 노래하였습니다. 웨스트민스터 교리문답 1번은 "사람의 제일 되는 목적은 하나님을 영화롭게 하고 영원토록 그를 즐거워하는 것입니다"라고 합니다. 인간의 최고 목적대로 하나님을 즐거워할 때 하나님은 함께하시며 역사하십니다.

▶ 학습 문제

(1) 하나님을 찬양하는 삶을 살기 위해 필요한 조건은 무엇입니까?
    답 : 하나님께 나아가 말씀을 듣고 주님을 항상 바라보아야 합니다.
(2) 인간의 제일 되는 목적대로 살기 위해서 필요한 것은 무엇입니까?
    답 : 하나님을 영화롭게 하고 그를 즐거워하도록 찬송하며 살아야 합니다.

✽ 기도

거룩하신 하나님, 주님은 만물을 창조하시고 역사를 주관하시는 영광의 주님이십니다. 언제나 주님을 바라보며 주님의 말씀을 듣고 진심으로 회개하며 주님께 기도하며 찬송하는 삶을 살게 하옵소서. 이제는 주님과 동행하며 주님을 즐거워하는 삶을 살게 하옵소서. 예수님의 이름으로 기도합니다. 아멘.

중보기도
(1) 분주하고 바쁜 현대인의 삶 속에서도 말씀과 은혜로 충만하게 하소서.
(2) 하나님의 말씀대로 회개하며 전심으로 찬송하는 가정이 되게 하소서.

▶ 만남의 준비
마가복음 12장 28~34절을 읽고 하나님 사랑과 이웃 사랑의 삶을 묵상합시다.

31. 하나님 사랑 이웃 사랑

> 성경 : 마가복음 12:28-34 (외울 말씀 33절)
> 찬송 : 216장(356), 516장(265)
> 주제 : 독생자를 십자가에 내주신 하나님의 사랑이 인간을 구원하셨다. 사람과 세상을 살리는 하나님의 사랑을 받은 그리스도인은 자신을 사랑하듯 이웃을 사랑하며 봉사하며 복음을 전해야 한다.

사회학자 피터 버거는 21세기 사람들이 '창문 없는 세상'에서 산다고 지적했습니다. 최근 과학기술이 발전하면서 점점 창문이 닫혀 물질적이며 일시적인 것만 보고 삽니다. 이런 세상에서 사람들은 자신밖에 보지 않고 이웃도 신경 쓰지 않고 더 고독하고 불행하게 삽니다. 의미 있고 행복한 삶을 살려면 마음의 창문을 열고 영원한 사랑과 진리를 향해 가야 합니다.

1. 참된 행복과 만족스러운 삶은 영원하신 하나님의 사랑 안에 있습니다.

세상을 바르게 살려면 삶의 목적과 회복의 열쇠를 알아야 합니다. 오늘날 사람들은 이런 질문은 하지 않고 그저 분주하게 살고 즐기는 삶을 살려고 합니다. 그러나 인생이 만족스럽고 의미가 있으려면 마음의 창문을 열어 진리와 영원의 세계를 향해 나아가는 참되고 영원한 사랑이 필요합니다.

요한일서 4장은 "하나님은 사랑이시다"라고 선언합니다. 사랑이신 하나님께서 인간을 하나님의 형상으로 만드셨습니다. 그러므로 인간은 사랑 없이는 존재할 수 없습니다. 예수님은 인생에서 가장 중요한 것이 무엇인지를 묻는 율법사의 질문에 마음과 목숨과 뜻과 힘을 다하여 하나님을 사랑하라는 것이라고 말씀하셨습니다. 사랑의 하나님이 인생의 유일한 목적입니다.

2. 삶의 행복과 만족은 하나님의 사랑으로 자신을 사랑할 때 가능합니다.

하나님이 세상을 이처럼 사랑하사 독생자를 내어주셨습니다. 인간은 하나님을 거부했지만, 하나님은 인간을 잊지 않으시고 독생자를 주셨습니다. 이 하나님의 사랑을 알고 받을 때 용서가 있고 치유가 있고 회복이 있습니다.

세상에서 가장 불행한 자는 하나님의 이 깊은 사랑을 모르고 그 사랑을 받아들이지 못하는 사람입니다. 하나님은 우리를 먼저 사랑하셨고, 우리는 이미 그 사랑을 받았습니다. 사랑에 대한 온전한 응답은 믿음입니다. 하나님이 먼저 우리를 사랑하셨습니다. 그리스도 안에 있는 하나님의 크신 사랑을 받은 나는 소중한 사람입니다. 사랑하는 자는 절대로 절망하지 않습니다. 사랑 안에 영원한 세계가 보장되기 때문입니다.

3. 참된 행복과 만족은 이웃을 사랑하며 복음을 전할 때 가능합니다.

예수님은 하나님의 사랑을 받은 사람은 이웃을 자신과 같이 사랑하라고 명하셨습니다. 이제는 하나님이 이같이 우리를 사랑하셨은즉 서로 사랑하는 것이 마땅합니다. 우리가 자기를 생각하듯이 이웃을 생각하고 사랑해야 병들고 어둡고 타락한 세상을 살릴 수 있습니다. 이웃을 사랑하기 위해 우리의 물질을 사용하고 시간을 내고 몸으로도 봉사해야 합니다.

　1995년 10월 매사추세츠 메모리얼 병원에 쌍둥이가 태어났는데, 그중 하나가 심장에 큰 결함을 안고 태어나 죽게 되었습니다. 이때 한 간호사가 둘을 한 인큐베이터에 넣자고 제안하여, 이 둘을 나란히 눕혀놓자 건강한 아이가 팔을 뻗어서 아픈 아이를 감싸 안아주었는데 아픈 아이의 심장이 안정을 찾고 회복되기 시작했습니다. 매스컴은 이를 보도하면서 '생명을 살리는 포옹'이라고 했습니다. 인생에서 가장 중요한 일은 하나님 사랑, 이웃 사랑이며 이것이 생명을 살리는 길입니다.

▶ 학습 문제

(1) 모든 계명 중에 첫째가 되는 계명은 무엇입니까?
　답 : 마음과 목숨과 뜻과 힘을 다하여 하나님을 사랑하는 것입니다.
(2) 예수님은 이웃을 사랑하기 위한 조건을 무엇이라고 하셨습니까?
　답 : 우리의 이웃을 자신을 사랑하는 것 같이 사랑하라고 하셨습니다.

✲ 기도

사랑이 많으신 하나님 아버지. 많은 사람이 하나님을 거부하고 세상을 중심으로 살아가고 있습니다. 우리 마음의 창문을 열어 하나님을 사랑하며 자신을 사랑하듯 이웃을 사랑하게 하소서. 이로 인해 복음이 전파되어 하나님 나라가 이루어지게 하소서. 예수님의 이름으로 기도합니다. 아멘.

🌸 중보기도

(1) 이 시대의 사람들이 영원하신 하나님을 사랑하며 믿음으로 살게 하소서.
(2) 성도들이 더욱 서로를 사랑하며 섬김으로 복음을 전하게 하소서.

▶ 만남의 준비

에베소서 2장 1~9절을 읽고 사랑으로 복음을 전하는 삶을 묵상합시다.

32. 사랑으로 전해지는 복음

> 성경 : 에베소서 2:1-9 (외울 말씀 8절)
> 찬송 : 220장(278), 515장(256)
> 주제 : 하나님은 예수 그리스도의 복음을 주셔서 사망에서 생명으로 나아가는 길을 열어주셨다. 예수님을 내주신 하나님의 사랑을 받은 사람은 새로운 사명 의식과 비전을 가지고 사랑으로 복음을 전하게 된다.

미국과 한국 청소년들의 신앙 회복 운동을 위한 쟈마(JAMA)의 대표인 김춘근 박사는 대학교수가 되는 꿈을 위해 전력을 다했었습니다. 그러나 치료 불능의 악성 간암에 걸리게 됩니다. 그는 산에 올라 기도하다 자신의 죄를 깨달아 회개하고 하나님이 주신 복음 전도의 사명을 위해 살게 됩니다. 하나님을 만난 모든 사람에게는 사명이 있음을 기억하며 살아야 합니다.

1. 예수님이 없는 인간의 상태는 허물과 죄로 죽은 것입니다.

사도 바울은 예수님을 만나기 전 모든 인간은 허물과 죄로 죽었다고 말합니다. 성경에서 죽었다는 의미는 '단절'의 의미가 있습니다. 영적인 죽음이란 허물과 죄로 하나님과 단절되었다는 것입니다. 아무리 지식과 건강과 돈이 있어도 하나님과 단절된 인생은 죽은 것입니다.

이는 나뭇가지가 줄기에서 잘리면 생명이 없는 것과 같습니다.

창조주 하나님께서 인간에게 원하시는 목표는 하나님을 믿고 경배하면서 순종하는 것입니다. 그런데 사람은 허물과 죄로 하나님과 단절되었기에 죄를 지을 수밖에 없고 죽음에 이르는 존재가 되었습니다. 인간을 창조하신 하나님을 알지 못하는 것이 죄의 출발점이 됩니다. 하나님을 떠난 사람은 세상 풍속을 좇고, 공중 권세 잡은 자를 따라 사는 노예에 불과합니다.

2. 비참하고 절망적인 인간은 오직 예수님을 통해서 다시 살 수 있습니다.

하나님은 인간을 죽음의 상태에서 건지시기 위해 예수님을 보내주셨습니다. 사도 바울은 긍휼이 풍성하신 하나님이 우리를 사랑하신 그 큰 사랑을 인하여 허물로 죽은 우리를 그리스도와 함께 살리셨다고 선언합니다.

하나님은 허물로 죽은 인간을 위해 예수 그리스도를 십자가에 못 박으시고 우리를 예수님과 함께 다시 살리셨을 뿐만 아니라 또 함께 일으키셔서 그리스도 예수 안에서 함께 하늘에 앉혀주셨습니다. 이는 공중 권세 잡은 자, 즉 악한 사탄이 근접할 수 없게 하시고 승리하도록 인도하신 것입니다. 하나님의 사랑으로 그리스도인은 사망에서 생명으로 옮겨졌으며, 사탄의 종들이 하나님의 자녀로, 불순종의 아들들이 순종의 자녀들이 되었습니다.

3. 구원받은 그리스도인은 하나님의 복음을 세상에 전해야 합니다.

사도 바울은 허물로 죽은 우리를 그리스도와 함께 살리신 것은 하나님의 지극히 풍성한 은혜를 세상에 나타내려 하심이라고 선언합니다.

은혜란 받을 자격이 없는데 주어지는 선물이라는 뜻입니다. 은혜 때문에 하나님 앞에 설 수 있게 된 것, 이것이 바로 복음입니다. 이제 구원받은 그리스도인은 은혜의 통로가 되어서 하나님의 복음을 전해야 합니다.

하나님의 생명의 복음을 듣고 다시 태어난 사람은 새로운 삶을 살게 됩니다. 즉 사랑의 복음과 은혜를 나타내는 삶을 살아야 합니다. 그리스도인은 옛사람을 벗어버리고 미움과 원망과 분노로 살지 않고 사랑과 용서와 소망으로 삽니다. 초대교회 성도들이 핍박받고 순교하면서도 복음을 전했기 때문에 우리에게까지 복음이 전해졌습니다. 복음의 빚진 자인 그리스도인은 마음을 열어 복음을 전하는 증인이 되어야 합니다.

▶ 학습 문제

(1) 사도 바울은 예수님이 없는 인간의 상태를 어떻게 표현했습니까?
  답 : 예수님을 만나기 전의 모든 인간은 죄와 허물로 죽은 것입니다.
(2) 비참한 죽음의 상태에서 건짐을 받기 위해 필요한 것은 무엇입니까?
  답 : 하나님의 은혜로 그리스도 예수 안에서 함께 일으키심을 받아야 합니다.

✻ 기도

거룩하신 하나님, 육체의 욕심을 따라 살며 본질상 진노의 자녀였던 우리를 은혜로 구원하여 주심을 감사합니다. 이제는 죄악에 머물지 않고 예수님과 함께 하늘에 앉히심을 입은 성도로 살게 하여 주옵소서. 주님이 우리를 부르신 사명과 목적을 따라 살게 하소서. 예수님의 이름으로 기도합니다. 아멘.

🌿 중보기도

(1) 우리를 죄와 사망에서 건지신 예수님과 함께 사는 성도가 되게 하소서.
(2) 허물과 죄로 가득한 세상에 복음을 널리 전하는 교회가 되게 하소서.

▶ 만남의 준비

이사야 61장 1~3절을 읽고 메시야를 만나 변화되어 복음을 전하는 삶을 묵상합시다.

33. 아름다운 소식을 전하라

성경 : 이사야 61:1-3 (외울 말씀 1절)
찬송 : 495장(271), 505장(268)
주제 : 우리를 구원하신 예수님을 믿으면 삶의 변화가 일어나야 한다. 살아계신 예수님을 마음에 주인으로 모신 그리스도인은 주님의 뜻을 따라 사랑하며 생명을 전하는 삶을 살아야 한다.

침신대 박영철 교수는 「구멍 난 복음을 기워라」라는 책에서 오늘날 그리스도인들은 천국의 확신을 가지고도 신앙 따로 삶 따로 산다고 지적하였습니다. 저자는 그 이유가 복음이 삶 속에 녹아들지 않았기 때문이며, 예수님이 우리 안에 살아계시면 삶의 주인이 변화되어 새로운 삶을 살 것을 말합니다.

1. 예수 그리스도께서 오시면 절망으로 가득한 삶이 회복됩니다.
이사야 선지자는 예수님의 사역을 예언합니다. 당시 이스라엘 나라는 망하였고 많은 사람이 포로로 끌려가 고통을 당했습니다. 그러나 메시야가 오셔서 모든 것을 회복시켜 주십니다. 히브리어로 '메시야'의 뜻은 '기름 부음을 받은 자'입니다. 하나님은 예수님에게 성령의 기름을 부어주시고 가난한 자에게 아름다운 소식을 전하게 하셨습니다. 마음이 상한 자를 고치시며 포로 되어 신음하는 자를 자유케 하시고 해방시키는 역사를 이루십니다.

가장 큰 슬픔은 죄로 말미암아 하나님과의 교제를 잃어버리고 생명을 잃어버린 것입니다. 메시야는 억압당하는 가난한 자들에게 아름다운 소식을 전하십니다. 아름다운 소식은 기쁨을 주는 좋은 소식, 곧 죽었던 사람이 다시 살고, 영원히 멸망할 인생이 다시 살아나게 되는 복음을 말합니다.

2. 예수 그리스도께서 오시면 마음이 상한 자를 치료해주십니다.

예수님은 마음이 상한 자를 치료해주십니다. 하나님 말씀을 어기고, 에덴을 상실한 모든 인간은 죄 가운데 방황합니다. 죄의 결과로 인간의 마음이 깨졌습니다. 그 결과 우리 안에는 미움과 시기와 질투의 쓴 뿌리들이 자리 잡고 있습니다. 그러나 주님의 복음이 전해지고 성령의 기름 부으심이 임하면 마음의 상처와 쓴 뿌리들이 뽑히는 역사가 일어납니다.

종교개혁자 마틴 루터보다 100년 앞선 얀 후스는 도시의 부랑아, 창녀들을 모아 미사에 참여하도록 했지만 아무런 변화가 일어나지 않았습니다. 그러다 이들에게 성경을 가르치자 이들의 삶이 달라지고 거룩한 사람들이 되었습니다. 후스의 영향으로 드디어 가톨릭 교회를 개혁하고 복음을 우리에게 전해 주었습니다. 오직 복음만이 상한 영혼과 마음을 고치고 구원을 가져다줍니다.

3. 예수 그리스도께서 오시면 삶의 모든 영역이 달라집니다.

예수님의 복음은 한 사람만이 아니라 그 사람의 가문과 사회 전체를 바꿉니다. 우리가 한 사람에게 복음을 전하면 그 사람의 집안 전체가 세워지고 사회가 새로워집니다. 오늘 우리가 예수님의 복음을 받아들이고 그 복음을 전할 때 이웃들과 그 가정의 운명과 세상이 바뀌니 위대한 일입니다.

　기름 부으심을 받으신 예수 그리스도를 믿고 주인으로 모신 사람은 복된 사람입니다. 메시야를 만난 성도는 자기 삶을 통하여 예수 그리스도의 복음 곧 아름다운 소식을 전하며 하나님의 영광을 나타내야 합니다. 그리스도인은 하나님이 심어주신 의의 나무가 되어 하나님의 영광을 높이 드러내야 합니다.

▶ 학습 문제
(1) 이사야가 메시야의 오심을 예언할 당시의 상항은 어떠했습니까?
　　답 : 이스라엘은 나라가 망하고 포로가 되어 고통과 절망에 빠져 있었습니다.
(2) 메시야가 오시면 구체적으로 일어날 일이 무엇입니까?
　　답 : 하나님의 은혜의 해를 선포하여 슬픈 자를 위로하시고 회복하십니다.

✳ 기도
사랑이 많으신 하나님 아버지, 나라가 망하고 포로가 되어 절망 중인 이스라엘을 위하여 메시야를 보내주시고 회복을 약속하신 하나님을 찬양합니다. 오늘 어떤 슬픔과 고통 속에 있더라도 하나님의 회복과 구원을 믿으며 믿음과 소망 속에 살게 하옵소서. 예수님의 이름으로 기도합니다. 아멘.

✳ 중보기도
(1) 질병과 재난과 고통 속에 있는 세상에 구원의 역사를 허락하소서.
(2) 슬픔과 근심으로 가득한 이웃들에게 아름다운 복음을 전하게 하소서.

▶ 만남의 준비

사도행전 28장 23~31절을 읽고 하나님 나라를 전파하는 사명을 묵상합시다.

34. 하나님 나라를 전파하라

성경 : 사도행전 28:23-31 (외울 말씀 23절)
찬송 : 510장(276), 516장(265)
주제 : 성경이 전해주는 바른 신앙은 하나님 나라의 임함을 믿는 신앙이다. 그리스도인은 예수님이 공생애를 시작하시며 선포하신 대로 회개하여 가까이 온 천국을 누리며 세상에 전파해야 한다.

　사람들은 행복한 삶을 원하지만, 세상에는 끊임없는 불행과 고난과 전쟁이 가득합니다. 그럼에도 불구하고 사람들은 완전한 평등과 이상, 새로운 세상을 향한 유토피아의 꿈을 꾸고 노력하면 완전한 미래는 찾아오리라고 기대합니다. 그러나 이런 인간의 노력은 철저하게 실패합니다.
　성경은 하나님 나라를 소개하고 있습니다.

1. 하나님 나라는 오늘 우리가 경험하고 누려야 하는 것입니다.

　예수님께서 공생애를 시작하시며 천국, 하나님 나라가 가까이 왔다고 선언하셨습니다. 하나님 나라는 먼 데 있는 것이 아니라 바로 여기에 있습니다. 즉 우리가 회개하고 마음 문을 열면 천국 안에 살 수 있고, 천국을 소유할 수 있습니다. 성경은 오늘 우리가 그리스도 안에서 진정으로 천국을 경험할 수 있음을 선언합니다.

우리는 영원한 하나님 나라를 믿지만 동시에 오늘 이루어지는 하나님 나라를 믿습니다. 로마 감옥생활을 2년이나 하던 사도 바울은 감옥 밖에 있는 사람들에게 항상 기뻐하라고 권면하였습니다. 그 기쁨은 예수님께서 십자가에서 죽으시고 모든 죄를 대속하신 구원에서 비롯되는 것이고, 그 마음에 하나님 나라가 임했기 때문입니다.

2. 하나님 나라는 계속해서 어디서나 전파되어야 합니다.

사도행전은 사도 바울의 로마에서의 마지막 선교 활동 모습을 전해 줍니다. 그의 사역의 중심은 하나님 나라와 예수님입니다. 성경 전체 메시지의 핵심은 하나님 나라요, 예수님께서 꿈꾸셨던 것도 하나님 나라였습니다.

부활하신 영광의 주님은 승천하시기 전 40일 동안 제자들과 만나며 대화를 나누셨습니다. 그 때 나누었던 대화의 주제가 하나님 나라였습니다. 예수님의 주된 관심은 세상 나라가 아니라 하나님 나라였습니다. 하나님 나라는 만왕의 왕이신 예수님이 다스리는 영원한 나라입니다.

예수님은 하나님 나라에 대해서 말씀하셨지, 세상 나라에 대해서 말씀하지 않으셨습니다. 사도 바울도 예수님이 꿈꾸시던 하나님 나라를 꿈꾸며 하나님 나라를 전했습니다.

3. 모든 그리스도인은 회개하고 하나님 나라를 전파해야 합니다.

오늘 그리스도인들은 하나님 나라 대신 세상을 추구하며 사는 것을 회개해야 합니다. 예수님을 믿으면서도 돈과 명예와 탐욕을 따라 세상 신에 묶여 살기가 쉽습니다. 그리스도인들은 더 이상 세상에 빠져 있지 말고 하나님 나라를 전해야 합니다.

C.S. 루이스 교수는 "하늘을 겨냥하라. 그러면 땅은 덤으로 얻게 될 것이다. 땅을 겨냥하라. 그러면 어느 것도 얻지 못할 것이다."라고 말했습니다. 하나님 나라를 얻는 사람은 세상도 얻지만, 하나님 나라를 잃는 사람은 세상도 잃습니다.

오늘날 한국 교회는 이전보다 기도와 헌신과 전도가 약해졌다는 지적을 받고 있습니다. 기도해야 능력이 있고 전도해야 생명이 있습니다. 다시 한번 성령으로 충만하여 첫사랑을 회복하고 헌신하며 전도해야 합니다.

▶ 학습 문제

(1) 예수님이 처음으로 선포하신 말씀은 무엇입니까?
   답 : 하나님의 나라가 가까이 왔으니 회개하라고 말씀하셨습니다.
(2) 한국 교회가 다시 힘써야 할 본분은 무엇입니까?
   답 : 초대교회처럼 열정적으로 기도와 헌신과 전도를 회복해야 합니다.

❋ 기도

거룩하신 하나님, 오늘의 성도들이 하나님 나라의 백성으로 살게 하옵소서. 세상에 미혹되지 않고 먼저 그의 나라와 그의 의를 구하는 회개 운동이 일어나게 하옵소서. 거룩하신 하나님의 백성으로 살게 하시고 하나님 나라를 전파하며 하나님께 영광을 돌리게 하옵소서. 예수님의 이름으로 기도합니다. 아멘.

❋ 중보기도

(1) 한국 교회가 깨어 일어나 담대하게 하나님 나라를 전파하게 하소서.
(2) 모든 성도가 초대교인처럼 기도하고 헌신하고 전도하는 삶을 살게 하소서.

▶ 만남의 준비

고린도후서 6장 1~2절을 읽고 하나님의 은혜에 대해 묵상해 봅시다.

PART 05
최종인 목사 편

9월 _ 성숙한 신앙을 위한 교육의 달

35. 은혜와 구원을 아는 사람 (고후 6:1-2)
36. 성숙한 신앙의 사람 (시 26:1-5)
37. 말씀을 행하는 사람 (약 1:22-25)
38. 성령의 사람 (고전 2:12-16)
39. 달리는 사람 (빌 3:12-14)

10월 _ 성도의 교제로 부흥하는 달

40. 성경적인 교제 방법 (행 2:42-47)
41. 바나바 사역 (행 9:26-30)
42. 다니엘과 친구들 (단 1:3-9)
43. 다윗과 요나단의 우정 (삼상 23:15-18)

35. 은혜와 구원을 아는 사람

성경 : 고린도후서 6:1-2 (외울 말씀 2절)
찬송 : 521장(253), 251장(137)
주제 : 성숙한 신앙인은 구원의 은혜를 늘 기억합니다!

매사에 때(시기)가 있습니다. 그때를 놓치면 후회하게 됩니다. 성경은 지금이야 말로 '은혜받을 만한 때요, 구원의 날'이라고 가르칩니다. 어리석은 자들은 구원도 모르고, 하나님의 은혜도 모릅니다. 그러나 성숙한 성도는 은혜의 때와 구원의 날을 분명히 알고 있습니다. 그 기회를 놓치지 않습니다.

1. 은혜를 헛되이 받지 말라

큰돈을 아무 데나 던지고 뿌리지 않습니다. 금이나 은을 책상 속에 던져 넣지는 않습니다. 하나님의 은혜, 구원의 은혜는 매우 귀하고 값진 것입니다. 세상의 무엇과도 바꿀 수 없는 것입니다. 창세기의 인물에서는 장자의 귀한 직분을 쉽게 버렸습니다. 장자에게 주는 축복의 가치를 몰랐기 때문입니다. 은혜를 귀하게 여겨야 합니다(1절). 하나님이 우리에게 주신 은혜는 다양합니다. 죄 사함의 은혜입니다. 성경은 "죄의 삯은 사망이요 하나님의 은사는 그리스도 예수 우리 주 안에 있는 영생"이라고 하셨습니다(롬 6:23). "모든 사람이 죄를 범하였으매 하나님의 영광에 이르지 못하더니"라고 했습니다(롬 3:23). "너희는 그 은혜에 의하여 믿음으로 말미암아 구원을 받았으니 이것이 너희에게서 난 것이 아니요 하나님의 선물이라"(엡 2:8)라고 하셨습니다. 구원이 은혜입니다. 하나님이 무조건 우리에게 주신 선물입니다. 귀한 은혜를 평생 감사하며 간직하며 살아야 합니다.

2. 은혜 베풀 때 받으라.

앞에서 우리 인생에는 때가 있다고 했습니다. 전도서에 "범사에 기한이 있고 천하만사가 다 때가 있나니 날 때가 있고 죽을 때가 있으며 심을 때가 있고 심은 것을 뽑을 때가 있으며"(전 3:1-2)라고 말했습니다. TV를 보면 어민들은 한밤중에 배를 타고 바다 한 가운데 나가 고기를 잡습니다. 밤에 고기가 잡히기 때문입니다. 농사짓는 이들은 새벽 일찍 나가 논밭을 가꾸고 있습니다. 한낮에는 더워 일하기 어렵기 때문입니다. 바다에도 물이 들어올 때가 있고, 나갈 때가 있습니다. 인생 앞에도 은혜의 때가 있는 것입니다. 아무도 놓치지 말고 은혜의 때에는 은혜를 사모해야 합니다. 시각장애인 바디매오는 예수님께서 여리고를 지나가실 때 그때를 놓치지 않고 주님 앞에 나가 호소했습니다. "다윗의 자손 예수여 나를 불쌍히 여기소서"(막 10:47). 결국 바디매오는 눈을 뜨고 예수님을 따르는 제자가 되었습니다(막 10:52).

3. 구원의 날을 놓치지 말라

사탄이 믿는 성도를 미혹하는 최고의 전략은 '미루게 하는 것'입니다. 예배를 미루게 합니다. 전도를 미루게 합니다. 헌신을 미루게 합니다. 봉사도 미루게 합니다. 오늘 말고, 다음에 생각하게 하는 것입니다. 미루다 보면 결국 놓치게 됩니다. 누가복음 12장에 나오는 어리석은 부자를 보십시오, 그는 부지런해서 농사를 잘 지었습니다. 여러 해 쓸 물건도 창고에 저장했습니다. 그러나 하나님은 그에게 말씀하십니다. "어리석은 자여 오늘 밤에 네 영혼을 도로 찾으리니 그러면 네 준비한 것이 누구의 것이 되겠느냐"(눅 12:20). 우리에게 내일이 있을지 아무도 장담할 수 없습니다. "보라 지금은 구원의 날이로다"(고후 6:2). 구원받을 날을 놓치지 말아야 합니다.

바울 사도는 전도 여행을 마치고 돌아와 예루살렘에서 잡힌 후 가이사랴의 총독 관저에서 심문받은 적이 있었습니다. 당시의 총독 벨릭스의 아내는 유대인이었습니다. 벨릭스 총독은 아내와 함께 바울에게서 와서 예수 믿는 도를 자주 들었습니다. 바울이 "의와 절제와 장차 오는 심판을" 전하자 벨릭스는 두려웠습니다. "지금은 가라 내가 틈이 있으면 너를 부르리라"라고 했으나 영영 기회를 놓치고 말았습니다(행 24:25). 오늘은 은혜받을 만한 때입니다. 구원의 날입니다. 사탄 마귀가 호시탐탐 성도를 미혹하는 때입니다. 성숙한 신앙인은 오늘도 하나님이 주시는 구원의 은혜를 확실히 붙들고 믿음으로 살아야 합니다.

▶ 학습 문제

(1) 바울 사도가 권하는 것은 무엇입니까? (1절)

　　답 : 은혜를 헛되이 받지 말라

(2) 지금은 어느 때입니까? (2절)

　　답 : 은혜 받을 만한 때요 구원의 날이로다.

🌿 기도

은혜로우신 주님 우리는 때를 알고 분별하며 은혜를 놓치지 말고 살아야 하겠습니다. 어리석은 에서처럼 기회를 놓쳐 후회하지 않고, 바디매오처럼 구원의 때에 주님을 붙잡고 일어나길 원합니다. 예수님의 이름으로 기도합니다. 아멘.

중보기도
(1) 구원의 확신이 없는 성도들이 구원의 즐거움을 맛보도록 중보기도 합니다.
(2) 답답해하고 힘들어하는 인생들이 하나님의 은혜를 체험하도록 기도합니다.

▶ 만남의 준비
시편 26편을 읽고 성숙한 신앙의 모습이 어떤 것인지 찾아봅시다.

36. 성숙한 신앙의 사람

> 성경 : 시편 26:1-5 (외울 말씀 2절)
> 찬송 : 70장(79), 135장(133)
> 주제 : 하나님은 우리가 어린아이 신앙에서 벗어나 장성한 신앙 갖기를 원하십니다.

시편 26편은 '다윗의 시'라는 표제가 붙어 있습니다. 다윗은 여러 가지 장점이 많은 인물입니다. 본문에서도 불의한 자들이 득세하는 것을 목격하면서 그는 많은 환난 중에도 여전히 하나님을 의지하는 성숙한 신앙의 모습을 보여줍니다. 사랑하는 성도들이 다윗을 닮아 성숙한 신앙인으로 성장하기를 소원합니다.

1. 흔들리지 않는 사람

성숙한 신앙인은 쉽게 흔들리지 않습니다. 인생이 든든하고 완전해서가 아니라 하나님이 붙들어주시기 때문입니다. 세상 누구보다 여호와를 의지하기 때문입니다. "내가 나의 완전함에 행하였사오며 흔들리지 아니하고 여호와를 의지하였사오니 여호와여 나를 판단하소서"(1절). 믿음의 조상 아브라함도 흉년을 만나자 애굽으로 갔다가 아내를 누이라고 거짓말해서 큰 위기를 만난 적이 있습니다. 다윗도 중년에 밧세바를 보고 유혹에 빠져 죄지은 적이 있었습니다. 하나님을 거역하고 우상을 만드는 이스라엘 백성들을 보고 흥분한 모세는 계명을 적은 돌 판을 던져 깨뜨린 적이 있었습니다. 베드로는 주님을 보고 물 위를 걷다가 그만 바람을 보고 무서워 빠진 적이 있습니다. 위대한 인물들도 사건을 만났을 때 흔들리는 것입니다. 그러나 마태복음 15장에 나오는 가나안 여인은 귀신 들린 자기 딸을 위해 예수님을 찾았을 때, 예수님이 매정하게 거절했으나 흔들리지 않고 계속하여 믿음으로 간구해서 결국 귀신 들린 딸이 예수님께 구원받았습니다(마 15:21-28).

2. 진리 중에 행하는 사람

다윗은 고백합니다. "주의 인자하심이 내 목전에 있나이다 내가 주의 진리 중에 행하여"(3절). 다윗이 하나님 앞에서 가장 당당하고 힘 있게 나갈 수 있는 비결이 무엇일까요? 다윗이 자기를 시험하시고 단련하시도록 자신을 떳떳하게 하나님 앞에 내놓을 수 있는 비결은 무엇일까요? 그것은 자신의 의로운 행실도 자신의 의지도 자신의 경험과 이력도 아닙니다. 오직 하나님이 다윗 앞에 보여주신 인자하심과 진리 중에 행했기 때문입니다. 다윗은 두 가지를 붙잡았습니다. 하나님의 인자, 즉 자비와 긍휼입니다. 그리고 하나님 말씀인 진리를 따라 행했습니다. 그러므로 환난이 와도 쉽게 흔들리지 않았습니다.

일본에서 어떤 사람이 해변을 지나다가 쓰나미를 만났습니다. 집도 삼켜버리는 무서운 해일이 덮쳤습니다. 죽을힘을 다해 굵은 나무둥치를 붙잡았습니다. 한동안 정신을 잃고 있었는데 나중에 보니까 엄청난 쓰나미에도 떠내려가지 않고 살아남았습니다. 나무둥치를 끝까지 붙잡았기 때문입니다. 가진 힘을 동원해 힘껏 하나님의 진리를 붙드십시오. 모든 환난이나 악과 세상의 유혹에서도 흔들리지 않을 것입니다.

3. 바른 사귐을 갖는 사람

다윗은 결심한 것이 있었습니다. "허망한 사람과 같이 앉지 아니하였사오니 간사한 자와 동행하지도 아니하리이다"(4절). 5절에서도 "내가 행악자의 집회를 미워하오니 악한 자와 같이 앉지 아니하리이다"라고 한 것입니다. 함께 앉지 않는다는 말은 '밀착하여 살지 않겠다'는 뜻입니다. 사도바울도 우리의 사귐을 경고했습니다. "너희는 믿지 않는 자와 멍에를 함께 메지 말라. 의와 불법이 어찌 함께 하며 빛과 어둠이 어찌 사귀며"(고후 6:14). 하나님의 인자하심을 경험하고, 진리를 붙잡고 사는 자는 바른 사귐을 갖습니다. 세상의 허망한 탐욕을 좇고 육체의 안일함을 꿈꾸는 자들과 절대로 밀착 동행하지 않는 것입니다. 우리가 어떤 사람과 사귀느냐에 따라 인생의 모습이 달라질 수 있습니다. 죄인과 사귀면 죄를 짓게 됩니다. 진리의 사람과 사귀면 진리를 따라 삽니다.

▶ **학습 문제**

(1) 본문에 나오는 다윗의 장점을 찾아보십시오(1절).
　　답 : 완전함에 행하기, 흔들리지 않기, 여호와를 의지하기.

(2) 다윗이 앉거나 동행하지 않겠다고 결심하는 것은 무엇입니까? (4-5절)
　　답 : 허망한 사람, 간사한 사람, 행악자

✿ **기도**

다윗은 옛날 사람이지만 오늘도 우리 가슴을 뛰게 하는 믿음의 사람입니다. 우리가 다윗처럼 어떤 환경에서도 성숙한 모습을 보이는 신앙인이 되고 싶습니다. 예수 그리스도 이름으로 기도합니다. 아멘.

🙏 중보기도
(1) 새 신자 가운데, 어린 믿음의 사람들이 쉽게 흔들립니다. 중보기도 합시다.
(2) 이단들이 성도를 미혹합니다. 이단 사이비에 미혹되지 않도록 힘써 기도합시다.

▶ 만남의 준비
야고보서 1장 22~25절을 읽고 성숙한 성도는 어떤 사람인지 미리 찾아봅니다.

37. 말씀을 행하는 사람

> 성경 : 야고보서 1:22-25 (외울 말씀 25절)
> 찬송 : 342장(395), 543장(342)
> 주제 : 말씀을 말하기는 쉬우나 실천은 어렵습니다. 그래도 우리는 말씀대로 살아야 합니다.

야고보서의 본문은 간략하지만, 구체적으로 실천할 신앙의 모습을 알려줍니다. 때로는 마음을 찌르는 아픈 말씀이기도 합니다. 1장에서도 우리가 실천할 교훈을 많이 주십니다. 예를 들면, 인내하라(2-4절), 기도하고 의심하지 말라(6-8절), 겸손한 자가 되라(9-11절), 시험을 이겨라(12-13절), 말씀을 듣기만 하지 말고 행하는 자가 되라(22-25절) 등입니다. 오늘은 마지막 부분의 교훈을 배웁니다. "말씀을 듣고 행하는 사람"입니다.

1. 말씀을 듣기만 하는 사람

"너희는 말씀을 행하는 자가 되고 듣기만 하여 자신을 속이는 자가 되지 말라"(22절). 여기에 두 종류의 사람이 소개됩니다. 말씀을 행하는 사람, 말씀을 듣기만 하는 사람입니다. "누구든지 말씀을 듣고 행하지 아니하면 그는 거울로 자기의 생긴 얼굴을 보는 사람과 같아서 제 자신을 보고 가서 그 모습이 어떠했는지를 곧 잊어버리거니와"(23-24

절). 말씀을 주목해 보십시오. '보고 가서', 우리는 말씀을 들을 때 자신과 비추어 봅니다. '잊어버리거니와', 그러나 잠시뿐 곧 교회당을 나가면 잊어버리는 것입니다.

모세와 대결했던 바로왕은 이스라엘 백성을 내보내라는 하나님 말씀을 듣지 않았습니다. 모세를 무시하고 고집이 세고 마음이 완악하여 도무지 하나님 말씀을 듣지 않았습니다. 불순종의 결과는 심판입니다. 하나님은 모세의 말을 듣고도 순종하지 않은 바로왕에게 경고하셨습니다. "네가 여전히 내 백성 앞에 교만하여 그들을 보내지 아니하느냐"(출 9:17). 결국 바로와 애굽은 큰 재앙을 열 가지나 심판으로 받았습니다. 이스라엘 사울왕은 하나님의 사람 사무엘의 경고를 듣고도 지키지 않았습니다. 하나님께서 사울에게 아말렉을 공격하여 진멸하라는 명령을 주었습니다. 그 전쟁에서 사울은 아말렉 왕 아각을 생포하고 살려주었습니다. 결국 하나님은 "내가 사울을 세워 왕 삼은 것을 후회한다"고 말씀하셨습니다(삼상 15:11). 말씀을 들었으나 실천하지 않았던 사울은 결국 폐위되고 말았습니다.

2. 말씀을 실천하는 사람

"자유롭게 하는 온전한 율법을 들여다보고 있는 자는 듣고 잊어버리는 자가 아니요 실천하는 자니 이 사람은 그 행하는 일에 복을 받으리라"(25절). 우리의 불완전함을 드러내는 거울은 온전한 율법, 자유의 법과 대조됩니다. 구약의 율법은 예수 그리스도로 말미암아 완전해졌습니다. 그래서 말씀을 듣고 행하는 사람, 실천하는 사람은 복을 받는 것입니다. 속담에 "부뚜막의 소금도 집어넣어야 짜다"는 속담이 있습니다. 부뚜막 바로 옆에 소금이 놓여 있습니다. 하지만 그 소금을 음식에 집어넣지 않으면 간을 맞출 수가 없습니다. 마찬가지로, 아무리 주

옥같은 귀한 말씀이라도, 말씀을 나의 삶에서 실천하고 행동으로 옮기지 않으면 아무 소용이 없습니다.

  성경 인물들을 보십시오. 노아는 말씀을 듣고 순종하여 방주를 지었습니다. 결국 가족을 구원하는 복을 받았습니다. 아브라함은 말씀을 듣고 고향, 친척, 아비 집을 떠나 가나안으로 이주했습니다. 결국 복을 받았고, 민족의 조상이 되었습니다. 모세는 말씀을 듣고 반석을 쳐서 물을 내었습니다. 광야의 목마른 백성들이 시원한 물을 마시는 축복을 경험했습니다. 바울 사도는 말씀을 듣고 순종하여 유럽까지 복음을 전했습니다. 이방인의 사도로 세워지는 복을 받았습니다. 히스기야왕은 경고를 받을 때 순종했습니다. "히스기야가 마음의 교만함을 뉘우치고 예루살렘 주민들도 그와 같이 하였으므로 여호와의 진노가 히스기야의 생전에는 그들에게 내리지 아니하니라"(대하 32:26). 심판을 이기고 승리하는 복을 받았습니다. 야고보 사도의 지적처럼 말씀을 듣기만 하는 사람은 '속이는 사람'이 되고 맙니다. 그러나 성숙한 성도는 말씀에 순종하고 실천하는 사람입니다. 주님께서도 말씀을 듣고 행하는 자는 그 집을 반석 위에 지은 지혜로운 사람이라고 하셨습니다(마 7:24).

▶ 학습 문제

(1) 말씀을 들을 때 무조건 순종하십니까? 아니면 골라서 내가 원하는 것만 순종합니까?

    답 : 각자 자신의 답을 합니다.

(2) 주변에서 말씀을 듣고 실천하여 복을 받은 사람의 사례를 골라보십시오.

    답 : 각자 생각하고 주변에서 아는 인물을 소개합니다.

🌱 기도

야고보 사도의 말씀이 내 마음을 찌릅니다. 저는 말씀을 듣기는 했어도 실천력이 약합니다. 다시 한번 각오하고 결심하오니 말씀을 따라 행하는 자가 되게 해 주십시오. 사랑의 주님 이름으로 기도합니다. 아멘.

🌱 중보기도

(1) 걱정과 염려 불안으로 잠 못 이루는 성도들이 많습니다. 중보기도 합시다.
(2) 반기독교적 정책들이 정부를 통해 많이 결정되고 공포되고 있습니다. 나라를 위해 기도합시다.

▶ 만남의 준비

고린도전서 2장 12~16절을 읽고 나의 영적 온도가 어디쯤 있는지 확인해 둡시다.

38. 성령의 사람

> 성경 : 고린도전서 2:12-16 (외울 말씀 15절)
> 찬송 : 283장(183), 401장(457)
> 주제 : 미숙한 성도는 자기 힘으로 삽니다. 그러나 성령으로 사는 이가 성숙한 성도입니다.

고린도교회를 관찰하면 매우 흥미롭습니다. 2000년 전의 교회였지만 오늘 현대교회의 모습이 그대로 드러나 보입니다. 그곳에는 우상문화가 넘쳐났습니다. 교회 안에 분열이 일어났습니다. 교리를 배우지 않아 십자가의 도를 오해합니다. 성령의 계시에 대해서도 미혹하는 이들이 많았습니다. 도덕적인 문제가 많았습니다. 공중 예배 시 논란도 많았습니다. 현대교회와 상당 부분 유사했습니다. 사도 바울은 특히 본문에서 성령의 사람이 되라고 가르쳐줍니다. 고린도교회 교인들이 구원받았다고 하나, 여전히 육에 속하여 신령한 일을 구분하지 못하고 미혹받기 쉬운 상태에 있었기 때문입니다.

1. 하나님의 영의 사람

"우리가 세상의 영을 받지 아니하고 오직 하나님으로부터 온 영을 받았으니"(12절). 우리는 세 가지 영의 영향을 받게 됩니다. 하나는 인간의 영입니다. 인간 누구나 하나님께 받은 사람들 속의 영입니다. 둘째는 세상의 영입니다. 하나님의 영 대신에 세상의 가치관이나 정신으로 살게 하는 영입니다. 셋째는 하나님의 영, 즉 성령입니다. 성령은 100% 하나님의 영입니다. 그래서 하나님의 뜻을 알게 하고, 하나님의 사람이 되게 합니다. 세상의 영은 세상에서 사는 처세술을 가르쳐 줍니다. 아무리 처세술에 능해도 실패하는 사람이 많습니다. 그러나 하나님의 영은 하나님의 지혜를 전해줍니다. 그래서 실패하지 않고 성공하게 만들어 줍니다. 하나님의 영이 없어도 세상에서 인정받고 도덕적으로 살 수 있습니다. 그러나 하나님의 영이 아니면 믿음을 가질 수 없고 진정한 제자가 될 수 없습니다.

2. 육에 속한 사람

14절을 보면, "육에 속한 사람은 하나님의 성령의 일들을 받지 아니하나니 이는 그것들이 그에게는 어리석게 보임이요, 또 그는 그것들을 알 수도 없나니 그러한 일은 영적으로 분별되기 때문이라." 여기에 육에 속한 사람의 특징이 있습니다. 하나님의 성령을 받지 않은 사람입니다. 성령의 일을 어리석게 여기는 사람입니다. 성령의 일을 알지 못하는 사람입니다. 영적으로 분별력이 없는 사람입니다. 육에 속한 사람은 성령의 일을 받지 못하는 인본주의적 가치관으로 살아가는 불신자들입니다. 육신에 속한 사람은 영적 미숙아로, 시기와 질투, 미움과 분쟁이 있어 공동체 생활에 적응하기가 쉽지 않습니다. 진정 영에 속한 사람이 되어야 영적으로 분별력이 있고 하나님의 영광을 위해 살게 됩니다. 육에 속한 사람은 '육신의 정욕, 안목의 정욕, 이생의 자랑'으로 눈에 보이는 좋은 것들만 따라가며 사는 사람입니다. 그러나 영적인 사람은 세상보다 하늘의 일에 관심이 있습니다. 영원한 천국을 사모하며 사는 사람입니다.

3. 신령한 사람

15절에서 바울 사도가 소개하는 또 한 사람의 유형이 있습니다. "신령한 자는 모든 것을 판단하나 자기는 아무에게도 판단을 받지 아니하느니라." 신령한 자는 성령께서 내주하시는 영적인 사람입니다. 그래서 〈쉬운 성경〉에서는 '성령님께 속한 사람'이라고 번역했습니다. 〈현대인의 성경〉과 〈공동 번역〉은 '영적인 사람'으로 번역했습니다. 예수 믿을 때 성령이 임하십니다. 성령님을 마음에 모시고 사는 사람이 신령한 사람입니다. 신령한 사람, 영적인 사람은 또한 그리스도의 모습을 닮은 마음이 있습니다. 영적인 사람은 시간이 흐를수록 예수를 닮아갑니다. 그래서 16절에 바울 사도가 권면합니다. "누가 주의 마음을 알아서 주를 가르치겠느냐. 그러나 우리가 그리스도의 마음을 가졌느니라"라고 하셨습니다. 하나님의 영으로 충만한 영에 속한 사람이 됩시다.

▶ 학습 문제
(1) 영적인 일은 무엇으로 분별합니까? (13절)
　　답 : 영적인 것으로
(2) 육에 속한 사람의 특징은 무엇입니까? (14절)
　　답 : 성령의 일들을 받지 아니한다.

✿ 기도
오랫동안 예수 믿어도 여전히 육신에 매여 사는 육의 사람입니다. 주여, 나를 불쌍히 여기시고 육신의 것보다 하나님의 영으로 충만한 성령의 사람이 되게 해 주세요. 예수의 이름으로 기도합니다. 아멘.

🌿 중보기도

(1) 우리 교회 성도들 모두 성숙한 영적 사람이 되기를 중보기도 합시다.
(2) 교회의 일꾼들이 성령의 사람이 되고 성령으로 일하게 기도합시다.

▶ 만남의 준비

빌립보서 3장 12~14절을 읽고 내게 주시는 권면을 찾아 메모해 둡시다.

39. 달리는 사람

> 성경 : 빌립보서 3:12-14 (외울 말씀 12절)
> 찬송 : 94장(102), 359장(401)
> 주제 : 세상 모든 사람이 달려가나 헛된 것을 잡을 뿐입니다. 성도는 푯대를 향해 달립니다.

빌립보서 3장에서 바울 사도는 자서전과 같이 자기의 일생을 고백합니다. 예전에 그는 육체를 신뢰했습니다(3:4). 팔 일 만에 할례를 받았고, 베냐민 지파이며, 바리새인이었다고 했습니다(3:5). 열심 있어서 교회를 박해하고 율법의 의로는 흠이 없이 살았다고 고백합니다(3:6). 그러나 이제는 변화되었습니다. 가진 모든 것을 해로, 배설물로 여깁니다(3:8). 그리스도의 부활과 고난에도 참여하고 싶다고 합니다(3:10). 이제는 자기 인생을 '달리는 사람'으로 비유합니다. 어쩌면 사도 바울뿐 아니라 우리도 푯대를 향하여 달리는 사람이어야 합니다.

1. 아직 달린다.

바울 사도는 자신의 모습을 정확하게 알고 있습니다. "내가 이미 얻었다 함도 아니요 온전히 이루었다 함도 아니라 오직 내가 그리스도 예수께 잡힌바 된 그것을 잡으려고 달려가노라"(12절). 우리는 이미 얻은 것이 아닙니다. 온전히 이룬 것도 아닙니다. 여전히 달려야 할 인생입니다. 많은 성도가 중간에 넘어지는 것은 영적 교만 때문입니다. 특별히 남보다 뛰어나거나 성공한 사람이 영적으로 교만해지기 쉽습니다. 그런 사람은 자기 경험으로 모든 것을 판단하고 다른 사람의 의견을 평가 절하합니다. 흔히 기도를 많이 하거나 영적 체험이 있다는 성도 가운데 교만해서 교회와 목회자를 평가하고 심지어 대적하는 이가 있습니다. 바울은 유대인이며 바리새인이며 가말리엘에게서 수학한 당대의 수재였습니다. 그가 기록한 성경을 보아도 매우 뛰어난 인물인 것을 알 수 있습니다. 그럼에도 그는 '아직'이라고 자신을 겸손하게 낮춥니다. 성숙한 성도는 이렇게 살아야 합니다.

2. 앞으로 달린다.

성숙한 성도는 뒤를 돌아보지 않습니다. "형제들아 나는 아직 내가 잡은 줄로 여기지 아니하고 오직 한 일 즉 뒤에 있는 것은 잊어버리고 앞에 있는 것을 잡으려고"(13절). 지나간 모든 것을 다 잊으라는 말은 아닙니다. 베푸신 구원의 은혜, 여기까지 인도하신 하나님의 은혜, 필요할 때 채우시는 하나님의 공급 등은 마음에 새겨서 간직해야 합니다. 그러나 잊을 것도 있습니다. 과거의 실패와 상처와 고통 그리고 무엇보다 죄입니다. 잊지 않으면, 과거의 흔적에서 자유롭지 못하고 계속 얽매여 있게 됩니다. 무엇인가에 묶여 있는 사람은 아무리 애써도 앞으로 나갈 수 없습니다. 하나님은 우리가 과거에 묶여 사는 것을 원치 않으십니다. 어떤 잘못을 저질렀고 죄를 범했다 하더라도, 회개하고 하나님의 사유하심의 은총을 믿음으로 받아들여서 우리 영혼이 자유함을 누리기를 원하십니다. 그래야 앞으로 달려갈 수 있습니다. 성숙한 성도는 자기 죄와 허물을 압니다. 약점을 잘 알기에 늘 하나님께 회개하고, 하나님의 도우심을 구합니다. 그리고 앞으로 달려갑니다.

3. 푯대를 향하여 달린다.

열정만으로 성공할 수 없습니다. 목적이 있고 방향이 있으며, 자신이 일하는 의미가 있어야 합니다. 마라톤 주자들이 골인 지점을 향해 달려가듯 성도에게는 목표, 푯대가 있습니다. "푯대를 향하여 그리스도 예수 안에서 하나님이 위에서 부르신 부름의 상을 위하여 달려가노라"(14절). 바울 사도가 향하는 목표, 푯대는 분명합니다. 그것은 그리스도를 닮는 것입니다. "부름의 상을 위하여 달려간다"는 말은 자신이 끊임없이 그리스도를 닮아가고 싶다는 몸부림입니다. 사실 푯대를 향하여 달린다는 말은 그저 선선한 가을날 산책길을 달리듯 쉬운 길이 아닙니다. 푯대에 도착하기까지 유혹이 있고, 위협도 있으며, 고난의 시험도 있는 어려운 길입니다. 그럼에도 성숙한 성도는 달음질을 마친 사람이 아닙니다. 여전히 앞을 향하여, 푯대를 향하여 달려가는 사람입니다.

▶ 학습 문제

(1) 내게 있는 푯대는 무엇입니까?
　답 : 각자의 생각을 말해 보십시오.
(2) 신앙의 경주를 할 때 가장 어려운 것은 무엇입니까?
　답 : 각자의 경험을 위주로 고백하면 다른 성도들이 도전을 받습니다.

✤ 기도

바울 사도의 고백이 마음에 울립니다. 아직, 앞으로, 푯대를 향하여 계속해서 달리는 성숙한 성도가 되고 싶습니다. 오늘도 우리 주 예수의 이름으로 기도합니다. 아멘.

🕊 중보기도

(1) 성도들이 달릴 때 장애물을 잘 이기도록 중보기도 합시다.
(2) 신앙 경주를 끝까지 잘 달려 주님께 상을 받도록 기도합시다.

▶ 만남의 준비

사도행전 2장 42~47절을 읽고 진정한 교제의 모습은 어떠해야 하는지 확인해 둡니다.

40. 성경적인 교제 방법

성경 : 사도행전 2:42-47 (외울 말씀 42절)
찬송 : 208장(246), 325장(359)
주제 : 성도들은 성경적인 방법으로 교제해야 합니다.

오순절에 성령께서 강림하심으로 기독교 역사는 새롭게 시작되었습니다. 오늘날 많은 사람이 이때의 모습을 초대교회의 원형으로 생각합니다. 바울 사도는 교회를 정의할 때, "고린도에 있는 하나님의 교회 곧 그리스도 예수 안에서 거룩하여지고 성도라 부르심을 받은 자들과 또 각처에서 우리의 주 곧 그들과 우리의 주 되신 예수 그리스도의 이름을 부르는 모든 자들에게"(고전 1:2)라고 했습니다. 이미 거룩해진 사람들이 아니라 교회에 들어와 거룩하여진 사람들이 모이는 곳이 교회입니다. 교회 안에서 성경적으로 교제하는 방법을 배웁니다.

1. 말씀으로 교제

42절이 성도들의 교제 원칙을 설명합니다. "그들이 사도들의 가르침을 받아 서로 교제하고"입니다. 사도들의 가르침은 성경 말씀이었습니다. 하나님의 말씀을 배우고 교제하는 것입니다. 교회는 취미활동을 위한 동아리 모임이 아닙니다. 먼저 하나님의 말씀을 배우고, 그 말씀을 따라 의와 진리를 실천하는 모임입니다. 말씀을 듣고 예수 그리스도 안에 거할 때 우리는 거룩해집니다. 그리고 거룩해진 성도들이 주 예수의 이름을 부르며 하나님께 영광을 돌리는 것입니다.

성도 간의 교제는 당연히 단순한 친목 관계를 의미하지 않습니다. 성령님 안에서 서로의 삶을 보듬어주고 말씀을 나누고 믿음을 이야기하는 것이 진정한 성도의 교제입니다. 그래서 교회는 서로 간의 돈 거래나 물건 판매를 조심해야 합니다. 자칫 시험에 들게 할 수 있습니다. 그리고 서로 간 예의와 성도의 본문을 지켜야 합니다. 말씀의 교제를 통해 서로의 영적 유익을 도모하고 서로의 믿음을 지켜주어야 합니다.

2. 기도로 교제

성도들은 기도로 교제해야 합니다. 초대교회는 "오로지 기도하기를 힘쓰니라"고 했습니다(42절). 오로지는 다른 방법이 아니라 기도에만 힘썼다는 말입니다. 성도들이 교제할 때 서로 가장 도움이 되는 것은 서로를 위해 기도해줄 때입니다. 많은 성도가 외롭고 힘들어합니다. 병들고 어려울 때 도움이 되는 것은 진정한 기도입니다. 기도는 우리의 한계를 초월하는 하나님의 능력과 역사를 경험할 수 있게 합니다.

한국 교회가 부흥될 때는 교회마다 기도회가 많았습니다. 기도회로 모일 때 성도들이 교회당에 가득 차서 뜨겁게 기도한 것입니다. 그런데 지금은 아쉽게도 기도 모임이 줄었습니다. 이 땅의 연약한 교회들이 어둠의 권세를 이기고 맡은 소명을 끝까지 완수할 수 있는 능력은 성도 개인의 능력에 있는 것이 아니라 하나님 앞에 겸손히 무릎 꿇는 기도에 있습니다. 사랑하는 성도들이 모일 때마다 기도회가 열리기 바랍니다. 기도의 힘으로 가정도 살리고 일터도 살리고 교회를 살리고 국가를 살릴 수 있는 깊은 사귐이 있기를 바랍니다.

3. 사랑으로 교제

44절을 보면, "믿는 사람이 다 함께 있어 모든 물건을 서로 통용하고"라고 하였습니다. 당시 초대교회는 교회 재정이 넉넉하거나 유력한 사람들이 모이는 교회가 아니었습니다. 다들 어렵고 힘든 상황에서 서로가 한 가족처럼 사랑했습니다. 여기 사랑의 모습이 있습니다. 첫째는 '다 함께 있는 것'입니다. 사랑했기에 매일 모였습니다. 둘째는 '필요를 따라 나눠주는 것'입니다. 많이 가졌다고 나누지 못합니다. 오직 사랑의 마음이 있었기에 자기 것을 기꺼이 제공했습니다. 셋째는 '마음을 같이 하여' 성전에 모였습니다. 진정 사랑했기에 마음을 같이 할 수 있었습니다. 이처럼 성령께서 주신 기쁨과 교제는 세상의 어떤 조직이나 단체에서 줄 수 없는 하나님의 사랑을 나누게 했습니다. 우리 교회가 초대교회의 교제를 본받아 회복되기를 소망합니다.

▶ **학습 문제**
(1) 초대교회의 모습을 보고 가장 본받고 싶은 것은 어떤 것입니까?
　　답 : 각자가 생각한 답을 말해 보십시오.
(2) 47절에서 교회가 부흥하는 비결을 말해 보십시오.
　　답 : 하나님을 찬미하며 백성들에게 칭송을 받으니

✲ **기도**
성도 간의 교제를 생각하면 안타까운 사람들도 생각이 납니다. 상처 입고 교회를 떠난 이들, 저 때문에 마음이 아판 이들을 생각하면 후회가 많습니다. 이제라도 바른 성경적 교제를 할 수 있도록 도와주십시오. 예수님의 이름으로 기도합니다. 아멘.

🌿 중보기도

(1) 교제를 잘해야 합니다. 성도들과 가족들과 자녀들의 교제를 위해 기도합니다.

(2) 우리 교회가 초대교회처럼 사랑의 교제가 많아지기를 위해 기도합시다.

▶ 만남의 준비

사도행전 9장 26~30절을 읽고 바나바의 장점을 찾아봅니다.

41. 바나바 사역

> 성경 : 사도행전 9:26-30 (외울 말씀 27절)
> 찬송 : 267(201), 543장(342)
> 주제 : 바나바 같은 일꾼들이 교회 안에 많아져야 교회가 성장합니다.

바나바는 초대교회 지도자였습니다. 그 자신도 훌륭한 사람이지만, 당시 사울이라는 회심자를 잘 인도하여 초대교회 큰 지도자로 세워주었습니다. 교회 공동체 안에는 "성도를 온전하게 하여 봉사의 일을 하게 하며 그리스도의 몸을 세우는 일"(엡 4:12)이 꼭 필요합니다. 우리 교회에도 바나바 같은 사역자가 많아지기를 원합니다.

1. 구제의 사람

바나바가 처음 등장하는 성경은 사도행전 4장입니다. 당시 초대교회는 큰 부흥을 경험하고 있었습니다. 믿는 사람이 한마음과 한뜻이 되어 모든 물건을 서로 통용하였습니다(4:32). 사도들 역시 말씀을 잘 전했습니다. "사도들이 큰 권능으로 주 예수의 부활을 증언하니 무리가 큰 은혜를 받아"(4:33). 무리가 은혜를 받으니 교회는 더욱 부흥하게 된 것입니다. 이때는 서로 자신의 소유를 팔아 교회에서 가난한 사람들에게 구제를 많이 했습니다. "그중에 가난한 사람이 없으니 이는 밭과 집 있는 자는 팔아 그 판 것의 값을 가져다가"(4:34) 과감한 헌신 덕분에 가난한 사람들에게 구제할 수 있었습니다.

바나바는 구브로 사람이었는데, 레위족으로 소개합니다. 그는 본래 이름이 요셉이었습니다. 그러나 사도들이 별명을 지어줍니다. '위로의 아들'이라는 바나바가 된 것입니다. 그는 위로만 전한 사람이 아니었습니다. 자기 밭을 팔아 구제에 헌신했습니다.

2. 이끄는 사람

당시 예루살렘교회에서 사울의 이름을 모르는 사람이 없을 정도로 사울은 핍박하는 자로 유명했습니다. 그가 다메섹을 다녀온 후에 자신이 부활하신 예수를 만났다고 하면서 예루살렘의 제자들을 찾아 교제하려고 했습니다(행 9:26). 그러나 아무도 사울의 말을 믿어주지 않았습니다. 워낙 악한 사람으로 알았기에 겁이 났던 것입니다. 그러나 바나바는 사울을 믿었습니다. 그리고 그를 사도들에게 데리고 와서 다메섹 길에서 주님을 만난 사실을 간증하게 했습니다(9:27). 그때부터 사울은 제자들과 함께 예루살렘 교회를 출입하게 됩니다.

교회에는 바나바와 같은 사역자가 필요합니다. 교회에 새로 들어온 사람을 만나는 것입니다. 성도들과 교제하게 해 주는 것입니다. 성도의 필요를 알고 도와주는 사역입니다. 교회의 기존 성도들과 믿음으로 신뢰하고 만나도록 브리지 역할을 하는 것입니다. 서로 사랑하고 화목하게 돕는 사역입니다. 새로 온 신자들이 주의 일을 할 수 있도록 길을 열어주는 것입니다.

3. 동역하는 사람

예루살렘 교회에 출입하던 사울은 정통파 유대인들의 미움을 사게 됩니다. 전에는 유대인들이 신임하던 믿을만한 일꾼이었는데, 이제 그리스도의 제자가 되었다니 무척 실망하여 죽이도록 미워했습니다. 결국 사울은 다소, 그의 고향으로 떠나 은둔하게 됩니다(행 9:30). 그러나 바나바는 안디옥에 파송 받아 사역하던 중에 사울을 찾게 됩니다. 안디옥 교회에 큰 부흥이 일어나자, 사울과 같은 인물이 필요했던 것입니다. 일부러 다소로 가서 사울을 만나 안디옥으로 데리고 와서 동역합니다. 둘이 일 년간 가르칠 때 최초로 그리스도인이란 명칭을 얻게 됩니다(행 11:26). 이때부터 우리가 잘 아는 대로 사울은 바울로 이름이 바뀌게 되고 장차 크게 쓰임 받는 이방인의 사도가 됩니다. 바나바는 사울에게 회복의 기회를 주었습니다. 고향 다소까지 찾아가 데리고 와서 동역함으로 일꾼으로 세워주었습니다. 사울과 바나바의 교제는 두 사람에게 잊을 수 없는 놀라운 경험이 되었습니다. 우리에게 이런 만남과 교제가 필요합니다. 교회에서 바나바와 같은 사역자들이 많이 일어나길 소원합니다.

▶ 학습 문제

(1) 예루살렘의 제자들이 사울을 경계한 이유는 무엇입니까? (26절)
   답 : 다 두려워하여 그가 제자 됨을 믿지 아니함
(2) 바나바가 사울을 위해 한 일은 무엇입니까?(27절)
   답 : 사울을 믿어주고 제자들에게 소개

기도

우리 교회에 많은 바나바들이 생겨나길 소원합니다. 위로하는 사람, 선한 사람, 중간에 다리 역할을 잘하는 사람, 긍정적인 사람, 친절한 사람, 용납하는 사람입니다. 바나바 때문에 사울이 교회에서 일 잘하는 사람이 되었습니다. 우리가 바나바 성품을 닮게 해주세요. 예수님의 이름으로 기도합니다. 아멘.

중보기도
(1) 처음 교회에 나왔거나 오래 다녔지만 교제 없는 사람들을 위해 중보기도 합시다.
(2) 교회 새가족을 영접하는 사역자가 많이 생겨나도록 기도합시다.

▶ 만남의 준비
다니엘 1장 3~9절을 읽고 다니엘과 친구들의 믿음을 확인해 둡시다.

42. 다니엘과 친구들

> 성경 : 다니엘 1:3-9 (외울 말씀 8절)
> 찬송 : 426장(215), 423장(213)
> 주제 : 다니엘과 친구들은 오늘의 성도들에게 최고의 신앙 모델입니다.

에스겔은 노아, 다니엘, 욥을 의인으로 두 번이나 언급했습니다(겔 14:14,20). 그러나 그들 역시 우리와 성정이 같은 사람이었기에 시련도 아픔도 고통도 겪어야 했습니다. 특히 다니엘은 포로로 끌려가 고난이 많았으나 친구들과 믿음의 우정으로 잘 이기고 높아진 인물입니다. 오늘날 우리 성도의 신앙 모델이 됩니다.

1. 세상을 따라가지 아니함

유다 왕 여호야김 시대에 바벨론 왕 느브갓네살은 예루살렘을 공격하고 많은 보물과 사람들을 포로로 끌고 갔습니다. 이때 끌려온 소년들 가운데 다니엘과 세 친구가 있습니다. 이들은 겉으로 보기에 "흠이 없고 용모가 아름다우며 모든 지혜를 통찰하고 지식에 통달한" 최상급 인재였습니다(4절). 이들을 왕궁에서 숙식하면서 갈대아 학문과 언어를 배우게 했습니다. 그리고 포로들에게 제공하는 음식으로 왕의 음식과 포도주를 주어 삼 년 동안 기르게 했습니다(5절). 그런데 다니엘과 친구들은 왕의 음식을 거부했습니다. 유대인들이 먹지 못하는 음식이었기 때문에 과감하게 거절한 것입니다.

사실 다니엘과 친구들은 바벨론까지 와서 왕이 제공하는 음식을 거부할 필요는 없었습니다. 그럼에도 이들은 세상의 풍습을 따라가지 않고 전통적으로 유대인들이 거부하는 음식을 자신들도 먹지 않기로 결심했습니다(8절). 많은 젊은이가 세상과 타협하여 살게 되어 결국 신앙을 잃어버립니다. 다니엘처럼 하나님의 뜻과 어긋나는 것이라면 담대하게 거부해야 합니다. 세상과 벗 되는 것은 하나님과 원수 되는 일이기 때문입니다(약 4:4).

2. 뜻을 정함

왕이 주는 음식을 거부하는 것은 죽음을 각오하는 매우 어려운 일이었습니다. 아직 10대 어린 소년들이 그런 결단을 한다는 것은 놀라운 일입니다. 사람에게는 몇 가지 본능이 있습니다. 그중에 가장 참기 어려운 것이 식욕의 본능일 것입니다. 다니엘과 친구들에게 왕의 진미는 참기 어려운 매우 값지고 맛있는 음식이었습니다. 그러나 그런 음식들은 유대인들에게 맞지 않는 음식이었기에 '자기를 더럽히지 아니하려고' 과감하게 뜻을 정하고 거부했습니다. 더럽힌다는 말은 신성모독을 의미합니다. 그래서 환관장에게 구합니다. 구한다는 말은 '간청한다'는 뜻입니다. 한두 번 구하는 것이 아니라 몇 번을 간청했는지 모릅니다. 일단 뜻을 정했기에 부끄러워하거나 실망하지 않고 계속 구한 것입니다. 우리도 다니엘과 친구들처럼 육체가 원하는 것을 금하고 제어할 수 있어야 합니다. 사도 바울이 우리에게 권했습니다. "성령을 따라 행하라. 그리하면 육체의 욕심을 이루지 아니하리라"(갈 5:16). 다니엘과 친구들은 이후 금 신상을 숭배하라는 명령 앞에서도 뜻을 정하고 절하지 않았습니다(단 2:12). 마지막 때에도 이런 신앙 고집이 있어야 합니다.

3. 담대함

다니엘서를 읽으면서 놀라는 부분이 많습니다. 왕의 음식을 거부하는 담대함입니다. "청하노니 당신의 종들을 열흘 동안 시험하여 채식을 주어 먹게 하고"(단 1:12). 느부갓네살왕이 세운 금 신상 앞에서도 절하지 않고 버티는 담대함입니다. 다니엘의 이야기를 아는 대부분의 사람들은 다니엘이 사자 굴에 던져진 이유를 알고 있습니다. 다리오 왕 아래에서 일하는 다른 관리들은 왕이 편애하는 다니엘이 총독으로서의 명성을 얻은 것을 몹시 질투했습니다(단 6:3-4). 그러나 다니엘은 신실하였기에 그에게서 허물이나 허물을 찾을 수 없었습니다. 그래서 사자 굴에 넣겠다고 위협한 것입니다. 다니엘은 조서에 인감이 찍힌 것을 알고도 다락방에 올라가 습관을 따라 기도했습니다(단 6:10). 사자 굴에 들어가는 것을 두려워하지 않는 담대함입니다. 성경은 그리스도를 따른다면 박해받게 될 것임을 분명히 합니다(요 15:20). 정치적일 수도 있고 개인적일 수도 있습니다. 그 순간에도 다니엘과 친구들을 기억하십시오. 그리고 인내로 승리합시다.

▶ 학습 문제

(1) 말씀을 들은 것을 기억하여 다니엘의 장점을 말해 보십시오.

    답 : 각자가 대답합니다.

(2) 내가 뜻을 정하고 결심하는 것은 무엇입니까?

    답 : 각자가 대답합니다.

🌱 기도

놀라운 믿음의 사람들을 배웁니다. 다니엘과 친구들은 비록 어렸으나 신앙을 굳게 지켰습니다. 우리가 그런 믿음을 본받아 하나님을 섬기기를 원합니다. 예수님의 이름으로 기도합니다. 아멘.

🌱 중보기도

(1) 이 땅의 청소년들이 다니엘과 친구들처럼 믿음으로 살도록 중보기도 합시다.
(2) 가을에 많은 열매 맺도록 성숙한 신앙이 되기를 기도합시다.

▶ 만남의 준비

사무엘상 23장 15~18절을 읽으면서 요나단의 장점을 찾아봅시다.

43. 다윗과 요나단의 우정

성경 : 사무엘상 23:15-18 (외울 말씀 17절)
찬송 : 205장(236), 88장(88)
주제 : 세상이 아무리 흔들려도 성도는 진짜 친구가 되어야 한다.

다윗은 양을 치던 사람이었습니다. 어쩌다 블레셋의 장수 골리앗을 꺾고 유명한 인물이 되었으나 여전히 미천한 신분입니다. 반면에 요나단은 왕자였습니다. 요나단은 왕궁에서 지냈고, 왕자로 교육받았으며 자신만의 갑옷을 입고 살았습니다. 다윗은 양치는 도구인 새총과 수금만 갖고 있을 뿐이었습니다. 여덟 아들 중에 막내였는데 그는 들에서 양치는 자였습니다, 둘은 도저히 만날 수 없는 신분이었으나 하나님의 섭리로 만나 우정을 나누게 됩니다. 요나단 덕분에 다윗은 생명의 위기를 여러 번 넘길 수 있었습니다.

1. 우정은 하나님의 선물이다.

다윗에게 요나단과 같은 친구를 주신 분은 하나님이십니다. 하나님께서 두 사람을 친구로 맺어주셨습니다. "다윗이 사울에게 말하기를 마치매 요나단의 마음이 다윗의 마음과 하나가 되어 요나단이 그를 자기 생명같이 사랑하니라"(삼상 18:1). 어떻게 만나자마자 우정이 생길 수 있습니까? 하나님이 간섭해주셨기 때문입니다. 우리는 대부분 스스로 친구를 만났다고 생각합니다. 실제로 같은 동네에서 학교에서 회사에서 친구를 만납니다. 그러나 같은 공간에 있다고 친구가 되는 것은 아닙니다. 그저 친밀감이 없이 데면데면한 사람도 많습니다. 진정한 우정은 하나님이 맺어주시는 것입니다. 주님과 우리가 친구 된 것도 하나님의 선물입니다. "너희가 나를 택한 것이 아니요 내가 너희를 택하여 세웠나니"(요 15:16)라고 말씀하셨습니다. 하나님은 우리 인생의 친구를 만나게 하셨을 뿐 아니라 최고의 친구인 예수 그리스도를 만나게 해 주셨습니다. "사람이 친구를 위하여 자기 목숨을 버리면 이보다 더 큰 사랑이 없나니"(요 15:13). 주님은 우리를 위하여 목숨까지 주신 최고의 친구입니다.

2. 진정한 우정이 필요하다.

진정한 우정은 어떤 것일까요? 요나단과 다윗처럼 위급할 때 도와주는 친구입니다. 성경은 "친구는 사랑이 끊어지지 아니하고 형제는 위급한 때를 위하여 났느니라"(잠 17:17)이라고 말합니다. 진정한 우정은 쉽게 끊어지지 않는 것입니다. 위급할 때 돕는 친구가 진정한 친구입니다. 요나단은 자신이 불리함을 알면서도 다윗을 포기하지 않았습니다. 그는 자기가 입던 갑옷과 칼과 활과 띠를 친구 다윗에게 주었습니다(삼상 18:4). 사울 왕이 다윗을 죽이려 할 때 알려주어 도망하게 했습니다(삼상 19:2). 아버지 사울 왕에게 다윗을 칭찬합니다(삼상 19:4). 다윗의 마음이 불안하고 떨 때 위로가 되었습니다(삼상 20:9). 실은 요나단은 예수님의 모형입니다. 어떤 순간에도 예수님은 우리를 위해 모든 것을 주시며, 하나님 앞에서 중보하시며, 불안하고 염려될 때 위로가 되십니다.

3. 진정한 우정은 서로 돕는다.

우정에 대한 놀라운 간증을 찾게 됩니다. "사울의 아들 요나단이 일어나 수풀에 들어가서 다윗에게 이르러 그에게 하나님을 힘 있게 의지하게 하였는데"(삼상 23:16). 현대인의 번역으로 "그에게 하나님을 더욱 신실하게 의지하라고 격려하면서"라고 했습니다. 진정한 친구는 서로 힘이 되어야 합니다. 그리고 무엇보다 하나님을 의지하도록 권고하는 친구가 최고입니다.

미국 서부 태평양 연안에 큰 세쿼이아 삼나무 숲이 있습니다. 수령은 2500년 이상 되고 키가 100m 넘는 큰 나무입니다. 사람들은 삼나무 뿌리도 매우 길 것이라고 생각합니다만, 실제로 삼나무의 뿌리는 다른 나무들과 비슷합니다. 그런데 나무들의 뿌리가 서로 얽혀 뭉쳐 살고 있습니다. 그래서 거친 바람에도 흔들리지 않고 큰 나무로 자란 것입니다. 진정한 우정은 삼나무 뿌리처럼 엉켜야 합니다. 잠언 27장 17절에 "철이 철을 날카롭게 하는 것같이 사람이 그의 친구의 얼굴을 빛나게 하느니라"고 했습니다. 좋은 친구가 있는 사람은 행복한 사람입니다. 반대로 기쁨과 슬픔을 나눌 친구가 없다면 광야같이 험악한 인생을 살아갈 것입니다. 서로 돕는 것이 진정한 우정입니다.

▶ 학습 문제

(1) 요나단이 다윗에게 격려하는 말은 무엇입니까? (16절)
　　답 : 하나님을 힘 있게 의지하라
(2) 요나단의 예언은 무엇입니까? (17절)
　　답 : 아버지의 손이 미치지 못할 것이요 너는 다음 왕이 될 것이다.

🌱 기도

언제나 나의 등 뒤에서 나를 도우시는 주님, 오늘도 사람들 때문에 지치고 상합니다. 그럼에도 제게 주님이 계셔서 힘낼 수 있으니 감사합니다. 주님 같은 친구 없습니다. 좋은 우정을 갖도록 도와주세요. 예수님의 이름으로 기도합니다. 아멘.

🌱 중보기도

(1) 외로운 가정과 혼자 지내는 성도들이 성탄절에 위로와 소망을 갖도록 기도합시다.
(2) 신년 행사를 계획하고 기도하는 담임목사님을 위해 기도합시다.

▶ 만남의 준비

시편 75편 1~10절을 읽고 감사에 대해 묵상해 봅시다.

PART 06
이진우 목사 편

11월 _ 삶이 변화되는 감사의 달

44. 그럼에도 감사함은 (시 75:1-10)
45. 구원을 베풀어 주심에 감사 (시 118:1-6)
46. 한 해의 추수를 감사 (시 65:1-4)
47. 감사하는 마음으로 (시 100:1-5)

12월 _ 하늘과 땅을 잇는 성육신의 달

48. 예언된 아기 예수 (사 9:5-7)
49. 나신 이의 이름 (마 1:21-23)
50. 성탄을 놓친 사람, 붙든 사람 (눅 2:1-13)
51. 기다리는 사람들 (눅 2:22-33, 36-39)
52. 성탄을 가로막은 왕 헤롯 (마 2:7-12)

44. 그럼에도 감사함은

> 성경 : 시편 75:1-10 (외울 말씀 1절)
> 찬송 : 400장(463), 484장(533)
> 주제 : 앗수르 왕 산헤립의 침략에도 여호와를 바라봄

앗수르의 산헤립이 유다를 침공해서 견고한 성읍들을 점령했습니다. 히스기야는 조공을 바치고 화친을 청했으나 산헤립은 예루살렘을 공격했고 히스기야가 보낸 사절들을 조롱했습니다. 그럼에도 시인은 미리 감사, 믿음의 감사를 표현하고 있습니다. 지금은 사방이 앗수르의 포위로 꽉 막혀 있지만, 하나님의 구원을 내다보고 감사하는 것입니다.

1. 심판하시는 하나님

시편 75편은 하나님과는 무관한 삶을 사는 세상의 통치자들의 공격 앞에 하나님의 사람들이 부르짖는 호소요 기도입니다(1절). 저들이 지금 당장 죽게 되었는데 감사한다고 합니다.

믿음이란 무엇인가? 지금 당장 다급한 상황이지만 그 현실을 보는 게 아니라 그 너머를 보는 것입니다. 그게 무엇인가? '주의 이름이 가까움이라' 입니다. 하나님께서 역사하시는 일이 임박했다는 의미입니다.

이 시편의 배경은 앗수르 왕 산헤립이 남유다를 공격할 때입니다.

의인들은 할 수 있는 것이 아무것도 없습니다. 하지만 시인은 처한 현실과 환경에 갇히지 않았고 자신과 함께하시는 하나님 한 분으로 인해 오히려 감사합니다. 어떻게 그것이 가능하겠습니까? 하나님은 정하신 때에 공정하게 악인들을 심판하시는 분이기 때문입니다(2절). 하나님의 심판의 때는 하나님의 백성에게는 구원의 날이고 해방의 날이지만 악인들에게는 멸망의 날입니다. 잠시는 악이 득세하는 것 같으나, 결국은 하나님의 때가 올 것입니다. 그날이 오면 공의로 심판하시는 하나님 앞에서 그의 백성은 기뻐하고 악인들은 멸망당하게 됩니다.

2. 심판의 대상은 분명하다

'땅의 기둥을 세우고 견고하게 붙드는 자'는 바로 하나님이십니다(3절). 땅은 인간의 삶의 토대를 말합니다. 또한 땅을 구성하고 있는 흙은 하나님이 인간을 지으실 때 사용하신 재료이기도 합니다. 그러므로 땅의 기둥이라는 것은 인간의 삶의 모든 영역에 있어서 기초가 되는 것입니다. 그 기초는 하나님의 말씀입니다. 하나님께서는 하나님을 모르는 세상에도 인간의 양심을 통해서 윤리와 도덕을 세우게 하셨습니다. 하지만 이 윤리와 도덕은 인간 최소한의 양심의 반영일 뿐 이것이 인간을 구원하지는 못합니다. 그나마 이것마저도 제대로 지키지 못하기에 세상은 병들고 흔들리는 것입니다.

뿔은 저들의 힘과 권세, 그리고 교만을 동시에 비유적으로 말한 것입니다. 자신의 힘을 믿고 하나님을 대적하는 교만한 자들에 대한 경고입니다(4-5절). 하나님 나라에 속한 하나님의 자녀들은 세상이 흔들릴지라도 이 땅의 기둥이 되는 말씀을 굳게 붙잡고 흔들리지 말아야 합니다.

3. 재판장이신 하나님

　사람은 자신에게 있는 것으로 충분히 높아질 수 있다고 생각하지만 그것은 진실이 아닙니다. 인생의 높고 낮음을 결정하는 분은 재판장이신 하나님이십니다. 하나님께서는 하늘의 별처럼 높은 자리에 있는 사람도 별똥별처럼 떨어지게 하실 수 있고, 진흙탕에 뒹구는 사람도 모든 사람 위에 두실 수 있는 분이십니다(6-7절).

　여호와의 손에 있는 잔은 하나님의 진노와 심판을 상징하는 표현입니다(8절). '술 거품이 일어난다'는 말은, 여호와의 화가 부글부글 끓는다는 뜻입니다. '속에 섞은 것'은 진노, 저주, 증오를 뜻할 것입니다. '찌꺼기까지 기울여 마신다'는 말은, 한 방울도 남김없이 마신다는 뜻입니다. 그러니 악인에게는 은혜도 없고 하나님이 정하신 진노를 다 받게 되리라는 뜻입니다. 하나님의 진노가 임하기 전에 하나님을 향한 교만을 회개하고 돌이킬 것을 경고하신 말씀입니다.

　세상 끝날까지 알곡과 가라지가 함께 존재할 것입니다. 악인의 권세(뿔)는 제거되어도, 악인의 세력(머리)은 여전히 계속 이어질 것입니다. '악인도 악한 날에 적당하게' 쓰임을 받기 때문입니다(잠 16:4).

　이 시는 예루살렘의 멸망을 앞두고 그 직전에 드리는 기도요 찬미입니다. 그 이유는 '주의 이름이 가까움' 때문입니다. 하나님의 구원을 내다보고 감사하고 있는 것입니다. 이것이 바로 은혜를 경험한 사람의 특징입니다.

▶ **학습 문제**

(1) 하나님의 심판의 날이 오면 의인과 악인의 처지는 어떠할까?

답 : 하나님의 백성들은 기뻐하고 악인들은 멸망하게 됨
(2) **멸망이 지척인데도 시인이 감사의 찬미를 한 이유는?**
　　　답 : 하나님의 구원을 믿음의 눈으로 내다보고 감사하고 있는 것

❊ 기도
만군의 하나님, 세상은 파도처럼 밀려들고 있습니다. 현실은 믿음을 포기하고 도망치라고 소리칩니다. 그러나 하나님, 믿음의 주요 또 우리를 온전케 하시는 주님만을 바라보며 오늘을 담대히 나아가게 하옵소서. 주 예수 그리스도의 이름으로 기도합니다. 아멘.

❊ 중보기도
(1) 이 시간 여기 함께한 우리 형제자매들 모두가 현실을 넘는 영의 눈을 뜨게 하옵소서.
(2) 지체 가운데 특히 다급한 상황에 처한 이를 견고히 세워주옵소서.

▶ 만남의 준비
시편 118편 1~6절을 읽고 내가 누리고 있는 감사한 구원을 묵상해 봅시다.

45. 구원을 베풀어 주심에 감사

성경 : 시편 118:1-6 (외울 말씀 1절)
찬송 : 273장(331), 460장(515)
주제 : 번제단을 둘러싸고 예배드리는 수많은 백성들을 상상하기

성전 마당에는 성가대가 장엄한 찬양을 드리고 있습니다. 수백 명의 성가대가 같은 복장을 하고 하나님께 찬양을 드리고 있는데 나도 그 가운데 있음을 그려봅시다.

1. 여호와께 감사하라

시편 118편은 감사로 시작하여 감사로 마칩니다. 시의 전체 주제가 '감사'라는 뜻입니다. 무엇에 대한 감사일까요? 시인은 "하나님의 인자하심이 영원함이로다"는 고백을 1~4절까지 4번이나 반복하고 있습니다. 그렇게 그가 외치는 것은 실제로 체험했기 때문에 그런 것입니다. 하나님의 깊고 깊은 인자하심을 경험하게 될 때 신자는 자발적이며 진심에서 우러나온 찬양과 감사를 드릴 수 있습니다.

3절에서는 아론의 집을 지목하여 말합니다. '아론'은 모세의 형입니다. 그는 아무런 조건과 자격도 없이 출애굽한 이스라엘의 첫 대제사장이 되었습니다. 그리고 그의 자손도 대를 이어 제사장 직분을 물려받았습니다. 그래서 '아론의 집(가문)'은 하나님을 섬기는 제사를 집

전하는 거룩한 직무를 부여받았습니다. 그들도 "하나님의 인자하심이 영원합니다"라고 노래할 수밖에 없습니다.

신약 시대에 사는 우리 성도 역시 하나님의 거룩한 제사장이 됩니다. 세상을 하나님 앞에 중보하는 역할을 감당하는 사람이란 뜻입니다. 그런 특권을 아무 조건 없이 받은 우리 역시 '하나님의 인자하심'을 노래할 수밖에 없을 것입니다.

2. 고통 중에 부르짖음

시인은 아주 심각한 고난 속에, 거의 죽을 지경이 되었을 때 하나님의 구원하심을 체험했습니다(5절). '여호와께서 (자기를) 심히 경책'하셨다는 표현으로 봐서 시인이 당하는 죽음의 고난은 '하나님의 징계'였던 것입니다(18절). 시인은 살아날 가능성이 전혀 없다고 느끼고 있었습니다. 그런 상황인데 하나님이 구원해주신 것입니다. 그러니 하나님께 대한 찬양은 정말 감격 그 자체입니다.

시인은 지난날의 고통에 대해 하나님이 그의 간구를 들으사 구원해 주신 것을 생생하게 기억하고 있었습니다. 그렇기에 사람들 앞에 그것을 분명히 증언할 수 있었습니다. 이는 하나님의 은혜를 쉽게 망각해 버리는 오늘 우리 현대인에게 커다란 교훈이 됨이 분명합니다.

한편, 우리는 여기서 그 백성의 부르짖음과 고통을 외면하지 않으시는 하나님의 구원의 은총을 엿볼 수 있습니다. 성도가 고난받는 때가 오히려 기도에 더욱 적합한 시기이며 하나님께 응답받는 때임을 배울 수 있습니다.

3. 내 편이시라

우리는 모두 다 하나님이 살아계심을 믿습니다. 그 믿음에는, '하나님이 내 편이시다' 하는 확신도 함께 들어 있습니다(6절). 하나님이 내 편이시라고 고백할 수 있다는 것은 정말 대단한 믿음입니다. 우리가 하나님을 믿는다면 반드시 그런 믿음으로 나아가야 됩니다.

그런데 '주님은 내 편이라'고 말하는 것이 자칫 빗나간 신앙일 수도 있습니다. 아주 자기중심적인 믿음을 가진 자는 하나님조차도 내 소유물쯤으로 생각합니다. 그 속에는 '자기중심적 신앙'이 있습니다.

블레셋과 이스라엘이 싸울 때, 이스라엘 군대가 아주 기발한 생각을 했습니다. '여호와의 법궤를 우리가 전쟁터로 가지고 나가자!' 결과는 그들이 블레셋에 완패하고 말았습니다. 그리고 법궤는 빼앗기고 말았습니다. '주님은 내 편이라'고 자신 있게 말할 수 있는 사람은 다윗처럼 '자기가 여호와의 편일 때'만 그렇게 말해야 하는 것입니다(시 27:1).

▶ 학습 문제

(1) 아론의 후손과 오늘의 성도들과의 공통점은 무엇입니까?
　답 : 아론의 후손이 제사장직을 이었다면 오늘의 성도 역시 영적인 제사장임
(2) 하나님이 내편이라는 고백보다 앞서가야 하는 것은 무엇이니까?
　답 : 내가 과연 하나님의 편으로 살아가고 있는가 하는 것

사람에 대한 두려움은 하나님의 위대하심을 생각하는 것에 비례하여 축소되지만, 인간을 신뢰하고 인간의 도움에 의지할 때 그 의지하는 것에 비례하여 더 커진다는 사실을 기억해야겠다.

✤ 기도
거룩하신 하나님, 오늘 우리의 삶이 하나님을 찬미하는 삶, 영화롭게 하는 삶으로 가득하게 하옵소서. 우리 주 예수님 이름으로 기도드립니다. 아멘.

🌱 중보기도
(1) 내 생활에서 한숨보다 주를 향한 감사가 넘치게 하소서
(2) 하나님과 우리에게 베푸신 은총을 찬미하는 찬양이 풍성한 교회되기를 원합니다

▶ 만남의 준비
시편 65편 1~4절을 읽고 금년에도 내게 베푸신 응답들이 무엇인지 묵상해 봅시다.

46. 한 해의 추수를 감사

> 성경 : 시편 65:1-4 (외울 말씀 4절)
> 찬송 : 428장(488), 589장(308)
> 주제 : 곡식을 추수하는 시기에 지키던 수장절을 앞두고 드린 기도시

농사를 통한 풍성한 수확을 허락하시는 하나님께 대한 감사의 내용으로 가득한 시입니다. 다윗은 백성에게 은혜를 베푸시는 구원자 하나님, 온 우주 만물을 다스리시고 인간의 역사를 주관하시는 하나님께 감사하기 위해 이 시를 기록하고 있습니다.

1. 시온에서 주님을 찬송함

'찬송이 시온에서 주를 기다리오며'(1절), 이것은 지정된 시간에 찬송을 부르기 위해 밤 동안 성전에 머물러 있던 레위인들의 마음 상태를 빌려온 표현입니다. 여기서 '기다린다'는 침묵한다는 의미입니다. '침묵, 고요, 조용히 기다림'이라는 뜻입니다. 하나님께 찬양 드리기 전에 우선 잠잠히 하나님을 신뢰하며 기다리는 시인의 모습을 봅니다. 우리도 예배드리기 전에 우선 조용히 마음을 하나님께 집중하는 시간을 갖는 것이 얼마나 소중한지를 살펴볼 수 있습니다.

또 한 가지 특징은 다윗이 하나님께 찬송 드리기 위한 장소로 '시온'

을 언급하는 것입니다. 시온은 솔로몬 시대에 성전이 세워지는 장소이지만 다윗 시대에는 아직 성전이 건축되지 않았기 때문에 이곳은 언약궤가 놓여있는 '여호와의 성소'를 의미하고 있습니다. 하나님 임재의 상징적인 장소인 성소에서 하나님께 가까이 나아가 마음을 모아 친밀하게 하나님을 찾으며 찬양하려는 시인의 열정이 잘 나타나 있습니다.

시온에서 주님을 조용히 기다리던 시인이 마침내 하나님을 찬양합니다. "사람이 서원을 주께 이행하리이다." '서원'은 서약, 약속, 결단 등을 의미합니다. 오늘도 예배자가 꼭 가져야 하는 것입니다. 말씀을 들을 때나 기도를 드릴 때나 찬송을 부를 때나 하나님이 주시는 감동에 따라 '제가 앞으로는 이렇게 하겠습니다!' 하는 결단과 결심, 서원이 있어야 훌륭한 예배입니다.

2. 기도를 들으시는 주

2절에서는 기도를 들으시는 주님께 감사합니다. 부모 아래 자녀들의 가장 큰 복이 무엇입니까? 자기 요구를 들어주는 부모가 있는 것입니다. 물론 요구대로 다 이루어주는 것은 아니지만 요구를 듣는 부모가 있음이 감사하지 않습니까? 물론 철부지 자녀들은 이런 은혜를 깨닫지 못하고 자기 요구대로 해주지 않는다고 불만을 토로하고 부모 곁을 떠나기도 합니다.

오늘 우리에게 기도를 들어주시는 하늘 아버지가 계심이 얼마나 감사합니까?

3. 사하시고 받아주시는 주

"죄악이 나를 이겼사오니"(3절)는 자신이 지은 죄가 힘겹도록 무겁다는 말입니다. 죄의 포로가 되어 이제 더 이상 자유롭게 활동할 수 없게 되었다는 것입니다. 이것은 다윗이 밧세바 사건을 경험한 후에 자신이 철저한 죄인임을 깨달은 때의 고백이라 할 수 있습니다. 그는 자신이 철두철미한 죄인임을 자각한 후에 거기에서 자유함을 얻기 위해 하나님의 사죄의 은총을 간구한 것입니다. 이것은 죄와 처절한 투쟁을 한 사람만의 고백입니다. 인간의 힘으로는 도저히 죄를 이길 수 없으나 하나님께서 우리의 죄과를 사하여주신다는 기본적인 고백을 하고 있습니다.

이러한 사죄의 은총은 신음하고 고통해 본 사람의 고백입니다. 그는 '주의 뜰에' 거하는 은총을 덧입게 됩니다(4절). 이 감사절에 진정 감사한 것은 "주께서 택하시고 가까이 오게 하신 은혜"입니다. 여기서 '가까이 오게 하신다'라는 것은 지성소를 기준으로 해서 말씀하시는 것입니다. 이전보다 더, 점점 더 하나님께 가까이 오게 하십니다.

성도들에게 참된 만족을 가져다주는 것은 세상의 재물과 권세나 명예가 아닙니다. 오직 하나님과의 교제를 통해서만 진정한 기쁨을 향유할 수 있습니다. 그러나 이러한 '신령한 은혜'를 결코 한꺼번에 받을 수는 없습니다. 지속적으로 하나님과의 긴밀한 교제를 갖는 것이 그 비결입니다.

▶ **학습 문제**

(1) 시인이 서원을 가지고 주 앞에 나아갔다면 오늘 우리는 어떠해야 합니까?
   답 : 예배자로서 말씀과 찬양과 기도에서 결단과 결심을 가져야 함

(2) 시인이 소원하는 주의 뜰에 거하는 자의 은총을 우리는 어떻게 적용할 수 있나요?
   답 : 점점 더 주님께 깊어져 가는 지속적이며 긴밀한 교제

🌿 기도

은혜로우신 하나님, 삶의 분요함 속에서도 고요히 주님을 기다리는 것을 잊지 않게 하소서. 그래서 감사를 잊지 않는 날들이 되기를 원합니다. 예수님 이름으로 기도합니다. 아멘.

🌿 중보기도

(1) 우리에게 어린 아이같이 떼를 쓰는 것이 아니라 아버지의 선한 뜻을 먼저 분별하는 성숙함을 주소서
(2) 온 교회 공동체가 말씀과 기도 가운데 하나님과의 친밀함을 누리게 하소서

▶ 만남의 준비

시편 100편 1~5절을 읽고 감사하는 자의 특권이 무엇이 있는지 묵상해 봅시다.

47. 감사하는 마음으로

> 성경 : 시편 100:1-5 (외울 말씀 4절)
> 찬송 : 430장(456), 380장(424)
> 주제 : 예배자의 감사

이 시편은 감사를 드리는 예배 때에 사용되었던 것으로 여겨집니다. 이스라엘 백성들이 예배를 드릴 때 예물을 들고 성전 문을 통과하고 성전 뜰을 지날 때에 불렀을 것으로 생각됩니다. 예배자는 예배드릴 때 항상 '감사'하는 마음으로 주께 나아가야 합니다.

1. 찬송을 부르며 나아감

1~2절은 예배로 나아가는 자의 고백입니다. 원어 성경에는 "크게 외치라, 여호와께, 온 땅이여" 이렇게 되어 있습니다. '크게 외치라'가 강조되었습니다. '크게 외치라'는 말이 집중적으로 나온 곳은 여호수아 6장입니다. 여리고 성을 무너뜨릴 때 이스라엘은 크게 외쳤습니다. 전쟁할 때 크게 함성을 지르는 말입니다. 시인은 하나님께 드리는 예배를 그렇게 크게 환호성을 지르며 기쁨으로 나아가라고 격려합니다.

우리의 주일예배를 생각합니다. 우리는 마음으로 입술로 하나님께 환호성을 지르며 나아가야 합니다. 기쁨의 찬송으로 나아가야 합니다. 행여 한 주간의 일들로 마음이 찢기고 너무나 지쳐 부득불 예배드리는 경우는 없는지요.

2. 우리는 그의 것

3절은 우리가 감사하면서 하나님의 궁중에 들어가고 감사하면서 성전에 올라가자는 권고입니다. 무엇을 감사하자는 것일까요? 4가지를 감사하자는 것입니다.

첫째, 그는 우리를 지으신 분이십니다. 우리는 우리를 창조하신 하나님께 감사하여야 합니다. 내가 이 자리에 있는 것은 하나님이 나를 창조하셨기 때문입니다.

둘째, 그의 것임을 감사해야 합니다. 우리는 하나님의 것입니다. 하나님이 사람을 지으실 때 흙으로 만드시고 생기를 불어넣어 주셨습니다. 영과 육이 합하여 있는 존재가 사람입니다. 그런데 우리의 영과 육은 다 내 것이 아닙니다. 다 하나님의 것입니다. 우리는 절대주권자이신 하나님에게 속하여 있습니다. 또한 우리의 몸도 그분의 것을 빌려 쓰고 있는 것이기에 감사하여야 합니다.

셋째, 우리는 그의 백성이기 때문에 감사하여야 합니다. 하나님 나라의 백성이라는 의미입니다. 하나님 나라 백성은 하나님이 지켜주십니다. 인류 역사 속에서 유대인이 지켜졌듯이, 참 언약 백성인 신약의 선민인 우리 성도들도 세상 끝날까지 지켜주실 것입니다. 우리는 모두 하나님의 백성이기 때문에 감사하여야 합니다.

넷째, 우리는 그의 기르시는 양이기에 감사하여야 합니다. 우리는 하나님이 기르시는 양이기 때문에 우리를 기르시는 하나님께 감사드려야 합니다. 아이는 누가 기르느냐에 따라 신분이 달라집니다. 왕의 양아들로 길러진다면 왕자요 거지의 양아들로 길러진다면 거지로 큽니다. 우리는 '그의 기르시는 양'입니다. 하나님이 완전하고도, 복되게 길러주신다는 의미입니다.

3. 천국 궁전에 들어가는 특권

우리가 하나님 궁전에 들어갈 수 있는 자격이 있을까요? 감사하면 하나님 문에 들어가고 찬송하면 하나님의 궁전에 들어갑니다. 시인은 감사하고 찬미하면 하늘 문이 열리고 그 궁전 앞에 들어간다고 노래합니다.

우리가 하나님을 만나기 위해서 특정 장소나 기도원에 가기 전에 내 침실, 사무실, 내 부엌에서 하나님께 감사와 찬송을 하면 하나님의 영화로움을 느낄 수 있습니다. 하나님이 구원과 도우심의 팔을 뻗으시는 것은 찬송을 받으실 때 그렇게 하십니다. 하나님은 선하신 분이시며 인자하심이 영원하기 때문이며 성실하심이 끝이 없기 때문입니다

▶ 학습 문제

(1) 예배로 나아가는 자에게 크게 외치라는 무슨 의미인가요?
  답 : 예배자가 크게 환호성을 지르며 기쁨으로 나아가는 자세를 가질 것
(2) 우리 인간이 하나님의 것인 이유는 무엇인가요?
  답 : 그는 창조자이시요 현재 우리의 몸도 그의 것을 빌려 쓰고 있는 것이기에

✽ 기도

살아계신 하나님, 존귀한 하나님의 피조물이 되게 하심을 감사합니다. 매일 감사의 날을 살 뿐만 아니라 특히 예배로 주 앞에 나아갈 때 성령 안에서 온전한 예배자가 되기를 소원합니다. 주 예수의 이름으로 기도합니다. 아멘.

🌿 중보기도
(1) 우리 온 가족이 생활 속에서 감사의 찬미를 잊지 않게 하소서
(2) 우리 교회 공동체가 모든 공예배에서 이스라엘 백성처럼 주 앞에 나아가기를 원합니다.

▶ 만남의 준비
이사야 9장 5~7절을 읽고 구약에 예언된 예수에 대해 기억나는 것들을 묵상해 봅시다.

48. 예언된 아기 예수

> 성경 : 이사야 9:5-7 (외울 말씀 6절)
> 찬송 : 96장(94), 287장(205)
> 주제 : 예수님은 어떤 분이기에 그분을 예배해야 할까

이사야는 B.C 8세기 예루살렘에서 활동한 선지자입니다. 그는 성령의 감동을 받아 오실 메시야 예수님에 관해서 예언하고 있습니다. 이사야 선지자의 예언 속에 나타난 아기 예수님은 어떤 분일까요?

1. 그는 기묘자라

기묘자라는 말은 "인간성을 초월한 기이하신 분을 의미합니다. 이는 예수님의 신성, 그리고 예수님의 존귀와 탁월성을 나타내는 이름입니다. 예수님의 탄생, 가르치심, 이적을 행하심 그리고 부활과 승천을 보십시오. 예수님은 세상에서 가장 놀라운 분이기에 기묘하신 분이십니다. 어느 누구와도 견주어 비교할 수 없습니다. 그분에게는 두 번째라는 것이 없습니다. 그러므로 우리는 예수님을 4대 성인 중의 하나로 생각하지 말아야 합니다. 예수님께 우리의 가장 으뜸가는 자리를 내어드려야 합니다. 즉 우리의 마음 보좌를 주님께 기꺼이 내어드려야 합니다.

2. 그는 모사라

모사는 지혜 있는 사람을 말합니다. 구약의 모사 중 가장 유명한 사람은 다윗왕의 모사였던 길로 사람 아히도벨입니다. 그의 지혜가 얼마나 뛰어났던지요(삼하16:23). 그런데 우리 주 예수님은 아히도벨을 훨씬 능가하는 모사이십니다. 왜냐하면 예수님은 지혜 자체이시기 때문입니다(고전1:24).

평안을 누리고 승리자가 되기를 원합니까? 최고의 모사이신 예수 그리스도의 말씀을 존중하시고 그 말씀에 복종하는 자가 되십시오. 눈에 보이는 상황이 아닌 모사이신 예수 그리스도의 지혜를 믿고 그 말씀에 순종하십시오. 그러면 반드시 형통하게 될 것입니다.

3. 그는 전능하신 하나님이시다

'임마누엘'은 마태가 설명했듯이 "하나님이 우리와 함께 계신다"(마1:23)는 뜻입니다. 하나님께서 친히 사람들 가운데 임하신다는 뜻입니다. 그러므로 예수님은 하나님이십니다.

예수님의 신성은 본문 6절이 말합니다. '났고'는 해산하다의 뜻으로 예수 그리스도의 성육신을 예언한 것입니다. '주신 바 되었는데'는 이미 존재하고 계셨던 분을 보내신다는 의미로 예수 그리스도의 선재성을 나타냅니다.

예수님은 그리스도이실 뿐 아니라 하나님이십니다. 우리는 예수님을 그리스도이시며 하나님의 아들로 믿어야 합니다. 그래야 구원받습니다. 또한 예수님은 하나님이시기에 전능하십니다. 전능자 하나님이신 예수 그리스도의 능력을 믿고 모든 염려를 기도로 맡기십시오. 그러면 주의 능한 손으로 해결해주실 것입니다.

4. 그는 영존하시는 아버지이시다

성경에서 하나님 아버지는 '옛적부터 항상 계신 이'(단 7:9)로 나타납니다. 그런데 예수님 역시 옛적부터 항상 계신 분입니다. 미가 선지자가 "그의 근본은 상고에, 태초에니라"(미 5:2)라고 기록한 대로 영원 전부터 항상 존재해오셨습니다. 아버지는 아들보다 항상 먼저 존재합니다. 마찬가지로 예수님은 모든 피조물보다 먼저 존재하신 분입니다.

또한 '영존하시는 아버지'라는 표현은 예수님이 우리를 향한 영원한 부성적 사랑을 가지고 계심을 암시해줍니다. 예수님은 우리를 사랑하십니다. 예수님의 사랑은 부모의 사랑을 능가합니다. 그러므로 절망하지 말고 어떤 죄도 다 고하십시오. 그러면 아버지가 아들의 눈물을 외면하지 않는 것처럼 예수님께서 당신의 눈에서 흐르는 눈물을 씻어 주실 것입니다.

5. 그는 평강의 왕이시다

예수님이 태어나시던 날 허다한 무리의 천군과 천사가 나타나 하나님을 찬양했습니다. "땅에서는 기뻐하심을 입은 사람들 중에 평화로다."(눅 2:14). 예수님은 친히 십자가에 달려 화목제물이 되심으로 하나님과 인간 사이에 평화를 가져오셨습니다.

그런데 이사야의 예언 중 '왕'이라는 단어도 살펴봐야 합니다. 이사야는 예수님을 가리켜 '평강의 왕'이라고 소개했습니다. 예수님은 우리의 구주이시지만 우리의 왕이 되기 위해서 이 세상에 오셨습니다. 그래서 동방박사들은 "유대인의 왕으로 나신 이가 어디 계시뇨?"라고 물었던 것입니다. 여러분은 예수님을 누구라고 생각하십니까? 우리는 예수님을 구주로만 아니라 왕으로 모셔들여야 합니다. 그래야 하나님과 평화할 수 있습니다.

▶ **학습 문제**
(1) 예수님은 기묘자라는 말은 우리에게 어떤 반응을 요구합니까?
　답 : 그는 누구와도 견줄 수 없기에 우리의 마음 보좌를 기꺼이 내어드려야 함
(2) 예수님은 모사라는 말은 우리에게 어떤 반응을 요구합니까?
　답 : 그의 말씀을 존중하고 그 말씀에 복종하는 자가 되어야 함

🌿 **기도**
아버지 하나님, 일찍이 이사야 선지자를 통하여 알려주신 그 예수님을 오늘 나의 삶의 현장에서 구체적으로 인정하며 시인하는 삶을 살기를 원합니다. 예수님 이름으로 기도드립니다. 아멘.

🌿 **중보기도**
(1) 나의 가장 소중한 분 예수님을 늘 기억하며 바라보며 살게 하소서
(2) 우리나라의 방방곡곡 마을마다 예수님의 십자가가 세워지게 하소서

▶ **만남의 준비**
마태복음 1장 21~23절을 읽고 내게 있어 예수는 누구신지 묵상해 봅시다.

49. 나신 이의 이름

> 성경 : 마태복음 1:21-23 (외울 말씀 23절)
> 찬송 : 80장(101), 112장(112)
> 주제 : 성탄의 주인공인 예수께 우리 눈을 돌리기

상업주의가 기승을 부리는 오늘날, 우리는 성탄의 의미를 지켜야 합니다. 우리는 이 땅에 태어나신 그분의 이름을 깊이 생각해야 합니다.

1. 이름의 가치

성경에서 이름은 그의 인격을 대표합니다. 모세가 하나님의 이름을 물었을 때 하나님께서는 자신의 이름을 '여호와'라고 하셨습니다. 이 이름은 하나님의 '자존성'을 말씀합니다. 조상들에게 하신 약속을 꼭 이루시는 '신실하신 하나님'이심을 나타냅니다. "여호와 하나님"은 스스로 계시며 약속하신 것을 꼭 이루시는 신실하신 언약의 하나님이라는 말씀입니다. 우리는 그 하나님을 믿습니다.

2. 예수라는 이름

성경은 '예수'라는 이름을 하나님의 사자가 전해주었음을 말씀합니다(마 1:21). 첫 번째 칭호인 '예수'는 예수님이 죄인의 구원자이심을 알려줍니다. '예수'란 이름의 뜻 자체가 "우리를 우리 죄에서 구원하실

분"이란 뜻입니다. 하나님께서는 아기의 이름을 '예수'라고 하심으로써 그 아기가 인류의 구원자요 구세주이심을 명백히 하셨습니다.

사실 당시에 예수라는 이름은 흔한 이름 중 하나였습니다. 가정마다 자기들의 구원을 바라는 마음으로 자녀 이름을 '예수'라 하는 일이 흔히 있었습니다. 그렇게 구세주의 오심을 간절히 사모했습니다. 그러나 오늘 태어나신 아기의 이름은 부모가 지은 것이 아닙니다. '예수'라는 이름 자체가 하나님으로부터 왔습니다. 태어나시기 전에 지어진 이름입니다. 그러므로 태어나신 아기는 인류의 '구세주'이십니다. 하나님이 보내주신 유일한 구원자요 하나님께서 명백히 선언하신 구세주이십니다.

또한 그분의 이름은 그분이 구원 활동을 해서 얻은 이름도 아닙니다. 그분의 생애가 그분을 구원자로 만든 것이 아닙니다. 그분은 구세주로 오셨기에 구원의 활동을 하신 것입니다. 그분의 이름은 결코 그분이 행한 결과로 얻은 이름이 아닙니다. 그는 '구원자 구세주'라는 이름으로 오셨습니다. 그러므로 하나님께서 보내주신 '구세주 예수님'을 오늘 나의 구주로 믿어야 합니다.

3. 임마누엘이라는 이름

예수님에 대한 두 번째 칭호인 '임마누엘'은 예수님이 하나님이심을 알려줍니다. '임마누엘'이란 "하나님이 우리와 함께 계신다"는 말이기 때문입니다.

마태는 예수님의 탄생을 예언의 성취라고 기록합니다(마 1:23). 이사야 선지자는 주전 700여 년 전에 구세주의 탄생을 예언했습니다. 마태는 바로 이 이사야 선지자의 예언을 인용하고 있습니다(사 7:14). 예수님의 오심은 이 임마누엘의 성취라는 말씀입니다. 마침내 예수님이 오심으로서 하나님이 우리와 함께하시겠다는 약속이 이루어진 것이란 말씀입니다.

  만일 예수님이 하나님이 아니시라면 이 말씀은 아직 이루어지지 않은 것입니다. 임마누엘은 아직 미래의 일일 것입니다. 그러나 임마누엘은 이루어졌습니다. 예수님의 탄생은 하나님이 우리와 함께하신 사건이었기 때문입니다. 예수님의 탄생은 하나님이 사람으로 이 땅에 오셔서 사람들과 함께하신 진정한 임마누엘의 사건이었기 때문입니다.

  예수님은 하나님이셨습니다(요 1:14). 이 하나님께서 사람의 모양으로 이 지구를 찾아오셨습니다. 처녀가 잉태하여 아들을 낳았습니다. 이 아기가 하나님이셨습니다. 하나님이 인류와 함께하신 신비한 탄생이었습니다. 그가 십자가에 못 박혀 죽으시고 부활하셨습니다. 이 모든 삶과 죽음이 우리의 구원을 위한 일이었습니다. 할렐루야!

▶ **학습 문제**

(1) 그 아기의 예수라는 이름은 무슨 의미가 있나요?
   답 : 인류의 구원자요 구세주이심

(2) 그 아기의 임마누엘이라는 이름은 무슨 의미가 있나요?
   답 : 하나님이 우리와 함께 계시다

🌿 **기도**

은혜로우신 하나님, 이 복된 성탄을 주심을 감사합니다. 우리를 죄에서 건지시려고 독생자를 아기로 보내셨음을 찬양합니다. 이 성탄절에 감사와 더 큰 믿음의 회복을 원합니다. 주 예수님 이름으로 기도드립니다. 아멘.

🌿 중보기도
(1) 구원자로 오신 예수님을 가족과 이웃에게 전하게 하소서.
(2) 이 복된 성탄절에 오신 주님, 북한 동포들에게도 구원의 은혜를 베푸소서.

▶ 만남의 준비
누가복음 2장 1~13절을 읽고 베들레헴의 여관주인과 목자들에 대해 묵상해 봅시다.

50. 성탄을 놓친 사람, 붙든 사람

성경 : 누가복음 2:1-13 (외울 말씀 11절)
찬송 : 314장(511), 121장(121)
주제 : 성탄하신 아기 예수께 대한 사람들의 반응

때가 차자 메시야는 아기 예수의 모습으로 오셨습니다. 예수님께서 이 세상에 오셨을 때 그에 대한 사람들의 태도는 다양하였습니다. 본문에서 우리는 서로 정반대의 반응을 보여준 베들레헴 여관주인과 목자들의 태도를 보게 됩니다.

1. 여관집 주인

언제부터 그는 베들레헴에서 여관을 했을까요. 그 주인에게 일생일대에 가장 놀라운 순간이 찾아왔습니다. 메시야가 그의 집에서 탄생할 수 있는 기회가 온 것입니다. 그러나 그는 하룻밤 묵기 위해 빈방을 요청하는 요셉과 마리아의 청을 거절하고 말았습니다. 왜 여관집 주인은 기회를 놓치고 말았을까요?

너무 바빴기 때문입니다. 호적하려고 몰려든 사람들을 상대로 한몫을 잡을 기회가 온 것입니다. 그래서 자기 집 앞에 찾아온 메시야의 가족이 눈에 들어오지도 않았습니다.

수많은 사람이 자기 욕심을 채우기 위해 너무 바쁘게 움직이고 있습니다. 그러나 인생에서 가장 중요한 것은 하나님께서 내게 맡겨주신 일을 이루며 사는 것입니다. 주님을 내 마음속에 모시고 인생길을 걸어가는 것이 그 무엇보다도 선행돼야 합니다. 우리는 예수님을 만날 수 없을 정도로 너무 바쁜 것은 아닐까요?

여관집 주인은 요셉 일행이 어떤 사람인지는 몰랐어도 최소한 만삭이 된 산모를 배려할 수 있어야 했습니다. 성경에는 손님을 정성껏 대접하다가 부지중에 천사들을 공궤한 아브라함 이야기도 있습니다. 그는 자기 방은 못 내주어도 최소한 자기의 이부자리는 내어줄 수 있어야 했습니다. 그런데 그 여관집 주인은 무관심했기 때문에 불쌍한 사람이 되고 만 것입니다. 무관심은 사랑이 없는 증거입니다. 그런데 여관집 주인은 메시야께 자기 방을 내놓을 수 있는 기회를 간과하고 만 것입니다. 우리 그리스도인은 항상 사랑을 베풀고 나그네를 대접하고 작은 자를 돕는 일을 기쁨으로 실천해야 합니다(마 25:40).

2. 양치는 목자들

아기 예수의 탄생 소식을 천사들로부터 들었던 가장 최초의 사람들은 목자들이었습니다. 그들은 깊은 밤, 불빛이 반짝이는 예루살렘 성읍이 보이는 베들레헴 들판에서 양을 치고 있었습니다. 목자들은 천사의 말을 들을 수 있었습니다. 목자의 야심한 밤은 피곤하고 졸린 시간이었습니다. 그럼에도 목자들은 천사의 음성을 들은 것입니다. 그것은 기쁨의 좋은 소식이었습니다. 구주가 나셨다는 소식이었습니다. 당시 목자라는 직업은 세리와 마찬가지로 무시당하고 외면당하던 때입니다. 이런 이들에게 천사의 음성이 들려온 것입니다. 이들은 종교에 대해서는 깊이 모르지만 심령이 가난한 자들이었습니다. 편견도 없었습니다. 깨어 있는 이들, 열린 마음의 사람이 오늘도 주의 음성을 듣게 됩니다.

목자들은 즉각적으로 순종하였습니다(15절). 세상에는 빨리할 것과 천천히 할 일이 있습니다. 어떤 사람은 천천히 할 일은 빨리하고 빨리 할 일은 천천히 합니다. 우리는 하나님 말씀에 즉각적으로 반응해야 합니다. 인간의 지시나 생각은 오랫동안 생각하고 기도하며 움직여야 합니다. 그러나 하나님 말씀에는 즉각적으로 순종해야 합니다.

천사의 소식을 들은 목자들은 그 밤에 바로 가서 탄생하신 예수님을 뵈었습니다(16절). 바로 이것이 중요합니다. 우리는 교회에 와서 예수님은 못 보고 사람들만 보고 갈 때가 있습니다. 이것이 문제입니다. 우리는 서로를 만나고 안부를 전해야 하지만 더 중요한 것은 예수님을 보는 것입니다. 예수님을 보기 전까지 우리 인생의 문제는 해결되지 않습니다.

당신은 예수님을 만났습니까? 특히 이 성탄절에 캐롤이나 카드나 선물이나 케이크... 그런 성탄절 소품에 속지 마십시오. 아기 예수님을 만나 그를 찬양하고 경배합시다.

목자들은 아기 예수를 만난 기쁨을 묻어두지 않았습니다. 빨리 가서 두루 고했습니다. 예수님을 보는 것으로 그들의 사명은 끝난 것이 아니었습니다. "천사가 자기들에게 이 아기에 대하여 말한 것을 고하니"

온 백성에게 미칠 기쁨의 큰 소식을 전해야 합니다. 종은 울리기 전까지 종이 아닙니다. 그리스도인은 내가 만난 예수를 전하기 전까지는 온전한 증인이 아닐 것입니다. 목자처럼 행복한 사람, 영원히 남는 사람이 되기를 원합니다. 목자처럼 예수님을 만나고 경배하고 자랑하는 생활을 다짐합시다.

▶ 학습 문제
(1) 여관집 주인의 첫 번째 문제는 무엇이었습니까?
　　답 : 일상생활의 분주함에 몰입됨
(2) 인류를 대표하여 가장 먼저 아기 예수께 경배한 이들은 누구이니까?
　　답 : 들판에서 양을 치던 목자들

✻ 기도
하나님 아버지, 어두운 세상에 빛으로 오신 주님을 찬양합니다. 이번 성탄에는 다시금 마음의 눈, 영의 눈이 뜨여서 주님을 만나 뵙는 저희가 되기를 원합니다. 성탄하신 예수님 이름으로 기도 드립니다. 아멘.

✻ 중보기도
(1) 주님의 이름으로 선을 베풀다가 주님을 높이는 성도들이 되게 하옵소서.
(2) 구세주 예수의 성탄을 맘껏 누리지 못하는 회교권, 공산권 나라들에 은총을 베푸소서.

▶ 만남의 준비
누가복음 2장 22~33절, 36~39절을 읽고 주님을 기다리는 삶이란 무엇인지 묵상해 봅시다.

51. 기다리는 사람들

성경 : 누가복음 2:22-33, 36-39 (외울 말씀 25절)
찬송 : 122장(122), 109장(109)
주제 : 성탄절은 준비하고 맞아야 함

아기 예수께서 탄생하셨을 때, 그 아기를 알아본 사람은 거의 없었습니다. 그런 중에도 아기 예수가 그리스도인 것을 알아보았던 두 사람이 본문에 나옵니다. 시므온과 안나 선지자였습니다. 그런데 성경은 두 사람 다 기다리는 사람이었다고 말합니다.

1. 사람들의 기다림

당시는 말라기 선지자 이후 400여 년간 아무런 예언이 없어 성경이 기록되지 않은 기간이었습니다. 영적 암흑기였습니다. 그러한 시대에도 메시야가 나실 것이라는 하나님의 약속을 믿고 기다린 사람이 있었다는 것은 주목할 만한 믿음이 아닐 수 없었습니다.

사실 예수님께서 태어나실 당시 유대인들은 다 메시야를 기다리고 있었습니다. 그들의 바람은 지극히 정치적이요 경제적이었습니다. 그들은 유대 땅을 식민 통치하는 로마로부터의 해방을 이루어낼 메시야를 기다리고 있었습니다. 동시에 가난과 고달픈 환경에서 자신들을 건져낼 그런 왕을 기다리고 있었습니다. 하나님의 계획과 사람들의 바람은 얼마나 다른 것일까요?

2. 시므온의 기다림

　모세의 정결 예식의 법대로 요셉과 마리아는 40일째 되는 날 아기 예수를 안고 예루살렘성전으로 올라갑니다. 거기에는 메시야를 만나려고 성전에서 기다리는 시므온이 있었습니다. 그는 "그리스도를 보기 전에는 죽지 아니하리라" 하는 성령의 지시를 받았었는데 그날, 성령의 감동으로 성전에 들어갔다가 아기 예수를 만나게 되었습니다.

　시므온은 "의롭고 경건하여 이스라엘의 위로를 기다리는 자"(눅 2:25)였습니다. 여기에 '의롭다'는 늘 하나님 앞에서 마음을 쏟고 있음을 뜻합니다. 범죄하지 않으려는 거룩한 생활을 말합니다. 그리고 경건하다는 것은 신중하고 죄와 구별되는 조심성이 많은 것을 말합니다. 그렇게 오실 분을 기다리던 시므온은 드디어 예수님을 만나게 되었습니다.

　시므온에게 있어 성탄하신 주님을 뵙는 것은 일생의 사명이었습니다. "주재여 이제는 말씀하신 대로 종을 평안히 놓아 주시는도다"(눅 2:29). 그러니까 이 모든 일이 절대적인 하나님의 뜻임을 확신하였던 것입니다. 시므온은 평생의 임무에서 놓이게 된 것입니다. 인류를 구속하러 오시는 분을 인류는 바라보지 못했지만 시므온이 주님을 영접한 것은 얼마나 다행스러운 일인지요.

　시므온은 메시야를 갈망하고 기다렸습니다. 드디어 시므온이 노년에 이르렀을 때, 성전에서 정결례를 행하기 위해 요셉과 마리아의 품에 안기어 오시는 아기 예수님을 맞이하는 복을 누리게 됩니다.

3. 안나의 기다림

안나는 남편과 7년 동안 결혼생활을 하다가 사별하고 84세에 이르렀습니다. 그때까지 안나는 기도하고 금식하며 성전을 지킨 여선지자였습니다. 안나 역시 육체적으로 쇠약해지는 노년에까지, 메시야의 오심을 기다리며 예배하는 삶을 살았습니다. 유독 시므온과 안나 선지자를 기다리는 사람이었다고 말하는 것은 그들의 기다림이 달랐기 때문입니다(눅 2:25, 2:37-38)

이들은 평생을 기다리며 기도했고 말년에 이르러서야 예수님을 맞이하게 되었습니다.

시므온과 안나가 살았던 시대는 실로 어둡고 혼란한 때였습니다. 성전의 제사장들은 타락했고 정의와 공의는 행해지고 있지 않았습니다. 이스라엘은 로마의 식민 지배 아래 사분오열되어 있었습니다. 이 혼란한 시국에 백성들에게는 하나님의 위로가 절대적으로 필요했습니다.

결국 하나님의 위로는 때를 기다리며 의롭고 경건하게 살았던 시므온과 안나를 통해 이스라엘에게 주어지게 됩니다. 당시 하루하루를 성전에서 주님 오심만을 기다리며 기도하던 이들을 주목한 사람은 없었을 것입니다. 그러나 성경은 하나님 앞에서 깨어 있었던 이들의 삶이 누구보다 고결하고 가치 있는 생이었음을 증언하고 있습니다.

▶ 학습 문제

(1) 당시 세상 사람들이 기다리던 메시야는 어떤 분이었나요?

　답 : 정치적이요 경제적인 필요를 채워줄 왕

(2) 당시 어둡고 소망이 없던 시대에 성전에서 주님을 증언한 이들은 누구입니까?

　답 : 시므온과 안나

🌿 기도

하나님 아버지, 성탄의 계절을 주신 것을 감사합니다. 세상 사람들 틈에 끼어 나의 필요를 채울 주님을 기다리지 않게 하소서. 나와 온 세상에 구원을 주시는 주님을 마음 열어 맞이하게 하옵소서. 우리 주 예수님 이름으로 기도합니다. 아멘.

🌿 중보기도

(1) 우리 교회 공동체가 인류의 구세주로 오신 예수님을 널리 증거하게 하소서.
(2) 신앙의 자유가 억압받는 북한 지하교회 성도들을 위로하소서.

▶ 만남의 준비

마태복음 2장 7~12절을 읽고 헤롯은 왜 오시는 주님을 대적했는지 묵상해 봅시다.

52. 성탄을 가로막은 왕 헤롯

성경 : 마태복음 2:7-12 (외울 말씀 12절)
찬송 : 123장(123), 126장(126)
주제 : 예수님을 대적한 헤롯 그리고 내 안의 헤롯

해마다 크리스마스 시즌이 오면 한 번쯤은 만나게 되는 인물이 헤롯 대왕입니다. 그는 오신 메시야를 어떻게 대적했는가. 그리고 그의 모습에서 발견하는 내 안의 헤롯은 무엇인가를 살펴보게 됩니다.

1. 당황하는 헤롯

헤롯은 탁월한 정치력을 발휘하여 로마 황제의 인정을 받아 유대의 왕으로 장기간 재위(B.C. 37-4년)하게 됩니다. 그러다가 그 말년 즈음에 이 땅에 오시는 메시야와 조우하게 되는 것입니다! 이 얼마나 놀라운 기회입니까?

헤롯왕 때, 예수께서는 유대 베들레헴에 탄생하셨습니다. 별의 징조를 알아챈 동방의 박사들이 예루살렘에 도착했을 때, 온 예루살렘에 소동이 났습니다(마 2:3). 특히 헤롯은 놀라고 불안에 떨게 되었습니다. 집요한 헤롯은 대제사장과 서기관들을 모아 그곳이 베들레헴인 것을 알아냈습니다(미 5:2). 동방에서 온 박사들에게는 아기를 찾거든 자기에게 고하라고 당부도 하였습니다. 그러나 박사들은 꿈의 지시를 따라 다른 길로 돌아갔습니다. 이 모든 일로 인하여 헤롯은 크게 분노하게 됩니다. 헤롯의 관심은 오직 자기 왕권 유지였습니다. 그래서 메시야를 영접 할 수 있는 특별한 기회를 걷어차 버리고 말았습니다.

2. 악을 행하는 헤롯

경악스럽게도 격분한 헤롯은 베들레헴 일대의 두 살 아래 사내아이들을 살육하라 명을 내립니다(마 2:16). 이로써 역사 속에서 가장 어린아이를 많이 죽인 사람으로 남게 됩니다. 그러나 아기 예수는 부모의 품에 안겨 이미 애굽으로 피신한 뒤였습니다(마 2:14). 요세푸스(Josephus)의 「고대사」에 따르면 그해에 헤롯은 내장이 썩는 병에 걸려 비참하게 죽었다고 합니다.

헤롯이 아기들을 죽인 사건은 인류의 구세주이신 그리스도께서 이 땅에 오시는 것을 차단하려는 간악한 사탄의 역사였습니다. 그럼에도 불구하고 예수를 통한 하나님의 구속사적 계획은 계획하신 그대로 면밀히 이행되었습니다. 이는 사탄의 궤계가 아무리 사악할지라도 반드시 하나님께서 승리하심을 증거합니다. 마귀를 대적하고 싸워 이겨야 할 우리는 이 싸움의 승리가 이미 예수 그리스도의 구속 사역의 성취로 인해 보장되어 있음을 기억합시다.

특이한 것은 헤롯이 여호와의 화려한 성전을 지었다는 사실입니다. 물론 그 동기는 정치적이었습니다. 헤롯은 유대인의 마음을 얻고자 솔로몬왕 시대의 영광이 담긴 예루살렘 성전을 다시 세우고자 했던 것입니다. 예수께서 거기에 들어가셔서 성전 뜰을 정화하셨고 그것이 무너질 것을 예언하신 바의 성전이 바로 그것입니다(마 24:1-2).

3. 내 안의 헤롯

　예수님은 만왕의 왕으로 이 세상에 오셨습니다. 그러나 세상 사람들은 조용합니다. 자신들의 왕이라 여기지 않기 때문입니다. 이 세상은 왕이 없으며 자신이 왕입니다.

　우리에게 예수님은 정말 왕이십니까? 성탄절을 가족의 생일만큼이라도 중요하게 여기지 못한다면 이유가 무엇일까요? 그분이 진정 나의 왕이 아닌 것입니다. 크리스마스를 맞아 예수님은 물으십니다. "나는 만왕의 왕이지만 너의 왕이냐?" 우리가 예수님을 왕으로 섬기려면 우리 안에 예수님을 거부하는 헤롯이 죽어야 합니다. 마음대로 살고자 하는 욕망이 그것입니다. 성탄절 메시지는 '왕이 오셨다'입니다.

　우리가 예수님을 왕이라 고백한다면 반드시 그의 말씀에 순종하여야 합니다. 우리가 이런 자세로 예수님을 믿으면 세상 사람들이 예수님이 우리의 왕이심을 다 알게 됩니다. 우리 안의 헤롯이 죽고 진정 순종하는 자가 되면 하나님께서 우리를 통하여 일하실 것입니다. 이것이 진정으로 성탄을 맞이하는 성도의 태도인 것입니다.

▶ 학습 문제

(1) 메시야 탄생의 소식을 들었을 때 헤롯의 반응은 무엇입니까?
　　답 : 오직 헤롯의 관심은 자신의 왕권 유지였다
(2) 동방 박사들이 돌아간 후 헤롯이 저지른 악은 무엇입니까?
　　답 : 베들레헴 일대의 두 살 아래의 사내아이들을 살육하라 명을 내림

✻ 기도

　존귀하신 하나님, 예수님의 성탄으로 인하여 감사드립니다. 이 소식이 나의 기

쁨이 되게 하시고 내게 가장 소중한 가치를 갖게 하옵소서. 예수님 이름으로 기도합니다. 아멘.

중보기도
(1) 내 안에 남아 있는 헤롯의 근성이 있다면 정결케 하옵소서.
(2) 지구촌 각 나라의 지도자들이 만왕의 왕 주님 앞에서 겸손하게 하소서.

▶ 만남의 준비
한해 동안 동행해 주신 주님께 대한 감사를 묵상의 글로 남겨봅시다.

■ 구역원 명부 ■

(　　　구)

번호	이름	생년월일	직업	가족수	연락처
1					
2					
3					
4					
5					
6					
7					
8					
9					
10					
11					
12					
13					
14					
15					
16					
17					
18					
19					
20					
21					
22					
23					
24					
25					

■ 구역 출석부 ■

(7월~12월)

번호	이 름 \ 월 일 \ 주	27	28	29	30	31	32	33	34	35	36	37	38
1													
2													
3													
4													
5													
6													
7													
8													
9													
10													
11													
12													
13													
14													
15													
16													
17													
18													
19													
20													
21													
22													
23													
24													
25													
통계란	출 석												
	결 석												
	헌 금												

(개인계)

39	40	41	42	43	44	45	46	47	48	49	50	51	52		출석	결석	현금	